그대가 보살입니다

- 관음경과 관음기도 -

석암스님

삼장법사 구마라집 한역의 산문(長行)과 천축사문 사나굴다 한역의 운문(重頌)을 해동 관음행자 석암해광이 번역 해설함.

그대가 보살입니다
- 관음경과 관음기도 -

책을 시작하며

　부처님의 팔만사천법문이 모두 마음 심心자와 묘법妙法을 나타내지 않는 것이 없지만, 중생들의 그릇이 다르기에 부처님은 일체중생의 이익을 위하여 갖가지 법문을 열어 보이셨습니다.
　이 책에서 살펴보고자 하는 『관음경』觀音經은 『법화경』 즉 『묘법연화경』妙法蓮華經의 제25품인 「관세음보살보문품」觀世音菩薩普門品을 따로 독립시켜 부르는 명칭입니다. 이에 대해선 다른 견해도 있는데, 법화경이 결집되기 전부터 별도의 경전으로 독송되어 오다가 법화경에 합편되어 보문품이라 불린다는 학설이 그것입니다.
　물론 관세음보살을 믿고 수행하는 관음행자의 입장에서야 그것이 독립된 경전인가, 아닌가 하는 문제는 그다지 중요한 문제가 될 수 없습니다. 올바른 신앙인이고 수행자라면 얼마나 정성껏 수지 독송하느냐 하는데 의미를 두어야 할 것이며, 또 거기에 따른 수행의 과果를 이뤄야 할 것이기 때문입니다.
　불자님들 중에는 관음경이 현세의 이익만을 위하는 낮은 차원의 경전이라고 생각하시는 분들도 많습니다. 그러나 중요한 것은 경전이 담고 있는 내용이 무엇이냐가 아니라 얼마나 그 내용을 바르게 숙지하고 통달하느냐가 문제인 것입니다. 하나의 경전에 통달하면 다른 경전들도 저절로 통달되기 때문입니다.

실제로 관음경이야말로 대승불교의 핵심사상인 반야바라밀 즉 진공묘유眞空妙有의 해탈의 도리를 담고 있으며, 실상의 묘법을 보여주는 차원 높은 대승적인 경전임을 아셔야 합니다.

관음경은 관세음보살님의 지혜와 공덕을 찬탄하고 공양을 올리는 내용으로 구성되어 있지만, 경전의 핵심사상은 마음 밖 우주법계의 관세음보살과 마음 안의 관세음보살이 하나 될 때 자성관음을 발현하며, 그때 비로소 우리 모두가 관세음보살이 되어 이 사바세계를 불국토로 만든다는 깊은 뜻을 담고 있습니다. 당신이 곧 관세음보살이 되어 이 사바세계에 유유자적하면서 자비와 지혜, 위엄으로 모든 중생을 제도하는 보살마하살이 되라고 누누이 당부하시는 것입니다.

출가해서 처음 접한 수행이 관음기도였던 제게 있어서 관음경은 당연히 수지 독송해야 하는 경전이었습니다. 그렇다고 관음경이 처음부터 마음에 와 닿았던 것은 아닙니다. 특히 "부처님 몸으로 응화하여 제도할 자가 있으면 관세음보살은 곧 부처님의 몸을 나타내어 그를 위해 법을 설하고…" 하는 관세음보살의 삼십이응신三十二應身의 모습은, 참으로 이해하기도 힘들고 따분한 부분이었습니다.

그렇게 세월이 흘러 관음수행에 집중을 한 지도 이십 년이 가까워지고 경전의 내용을 조금이나마 이해하다보니, 그때서야 그 속에 온갖 보배의 무더기가 있다는 것을 느낄 수 있었습니다. 이렇게 염치없이 관음경을 손에 잡은 것도 바로 그 보배를 불자님들에게 보여주고 싶은 마음 때문입니다.
　부디 이 책을 인연으로 내 안의 관세음보살을 찾고, 스스로 관세음보살이 되어 세상의 밝은 빛이 되시기를 바랄 뿐입니다.
　미진하고 어설픈 부분이 있더라도 널리 이해해주시고 경책해 주시기 바랍니다.

　나무 관세음보살 마하살.

관음행자　석 암

차 례

제1장 왜 관세음보살입니까?

관세음보살은 누구인가 / 011
- 관세음보살의 전생 이야기

왜 관세음이라 부르는가 / 021

부름에 응답하는 구세주 / 028
- 간절한 기도로 자성관음을 찾다
- 끓는 물도 이겨 낸 관음정근
- 장애를 벗어나 진리를 보다
- 보리암 관음기도와 태풍

제2장 고통 면하기를 연꽃같이

관세음보살은 인연을 가리지 않는다 / 051
- 일억 년이 된 감로수를 맞고 물리가 트이다
- 돌부처님이 대신 칼을 맞다
- 용맹정진으로 수기를 받다
- 기적을 부르는 관세음보살

　　　　마음을 돌이켜 스스로를 살펴라 / 075
　　　　　• 화를 다스리는 법
　　　　　• 한 번의 화로 공부를 망친 홍도스님
　　　　　• 뇌 과학으로 증명되는 기도의 신비

제3장　중생을 생각하는 마음
　　　　탄생의 기적을 부르는 관세음보살 / 091
　　　　남김없이 내어주는 분 / 097
　　　　　• 관음기도로 암을 치료하다

제4장　모두를 사랑하리
　　　　중생이 원하는 모습으로 나투시는
　　　　관세음보살 / 102

제5장　참된 보살마하살
　　　　편안함을 주는 자가 보살이다 / 127
　　　　보살의 업 - 자비와 보시 / 131

제6장 노래로 찬탄하다

끊임없이 불러야 할 원력보살 / 139

찾는 만큼 닮아가는 대행보살 / 147
- 백의 관음의 가피

믿고 부를수록 익어가는 자비보살 / 169
- 나를 바꾸는 참회기도

제7장 관음경의 공덕

깨달음의 마음을 내는 것이 기도의 시작이다 / 187

제8장 염불선念佛禪의 길

염불의 공덕 / 192

오로지 부처님 한 생각에 집중하라 / 196
- 염불삼매와 일행삼매

내가 관음이요, 관음이 내가 되는 관음염불선 / 201

부록 한글 관음경 / 211

제1장

왜 관세음보살입니까?

• 관세음보살은 누구인가 •

관세음보살觀世音菩薩은 '세상의 소리를 관觀하는 보살'로 '세속을 관찰하는 자', '세간의 음성을 듣는 자'라는 뜻을 가지고 있습니다. 세상의 소리란 내 몸 안에서 울리는 사람들이 사는 세상(世間)의 미세한 소리와 몸 밖의 세상을 벗어난 청정한 세계인 출세간의 대우주大宇宙에 퍼져 있는 근본 소리를 아는 것입니다. 그렇기에 관세음보살의 활동영역은 불가사의하다고 할 수 있습니다.

우리들의 몸 안의 깊은 정신과 바깥의 표층에서 울리는 모든 소리와 빛을 마음으로 꿰뚫어보고(觀) 또 들어서, 그 음성에 따라서 천 개의 손과 때로는 천 개의 자비스러운 눈으로 중생을 구호하고 이익 되게 하는 대자대비의 화신이 관세음보살이십니다.

보살의 원어는 보디사트바bodhisattva로 보디bodhi와 사트바sattva의 합성어인데 이것을 지혜가 있는 유정, 또는 깨달음을 구하는 유정이라 하여 각유정覺有情으로 번역합니다. 유정有情이란 아직 중생심이 남아있다는 뜻이니, 결국 깨닫고자 노력하는 자가 보살이라는 것입니다.

흔히 대승불교의 수행자를 보살이라고 합니다. 보살은 위로는 깨달음을 구하고(上求菩提) 아래로는 중생을 교화(下化衆生)하는 사람입니다. 깨달음을 위한 수행과 공부를 게을리 하지 않으면서도, 자신과 이웃들의 이익을 위해 보시와 선행을 아끼지 않는 삶을 사는 것입니다. 자기 자신을 끊임없이 계발하고 깨달음을 얻어서 다른 사람도 그 길을 가도록 이끌어주고, 당겨주며, 안아주는 역할을 하는 것입니다.

위대하고 차원 높은 인생을 사는 사람이 보살인 것입니다.

관세음의 원명은 아발로끼떼스바라Avalokitéshvara입니다. 이것을 구마라집은 관세음觀世音으로, 현장은 관자재觀自在로 번역한 것입니다.

그 외에도 중국 서진西晉시대 이전에는 광세음보살光世音菩薩이라 하였고, 세상을 구제하고 중생을 이익 되게 하는 이로서 구세대비자救世大悲者, 두려움을 없애주는 자로서 시무외자施無畏者로 불렸습니다. 이밖에도 6관음, 7관음, 32관음 등으로 여러 몸과 이름을 지닌 실로 엄청난 인기가 있는 분이 관세음보살이십니다.

관세음보살이 항상 머물러 계시는 곳은 인도 남쪽 해안에 있는 보타락가산補陀洛迦山이며, 그 산의 모양은 팔각형이라고 합니다. 80권 화엄경의 입법계품에는 선재동자가 비슬지라 거사로부터 보타락가산의 관세음보살을 찾아가서 보살의 행과 보살의 도를 물으라고 하는 대목이 있습니다.

선남자여, 남방에 산이 있으니 이름이 보타락가산이고, 그 보살의 이름은 관자재이다. 그대는 그에게로 가서 보살이 어떻게 보살행을 배우며, 보살도를 닦는지 물어라. 곧 게송으로 말하였다.

바다 위에 산이 있으니 성현聖賢이 많고
보배들로 이루어져 지극히 청정하며
꽃과 과일나무들이 두루 차 있고
샘과 시냇물과 연못이 갖추어 있다.
용맹한 장부 관자재보살이
중생의 이익을 위하여 이 산에 머무르시니
그대는 가서 모든 공덕功德을 물어보아라.
그대에게 큰 방편을 알려 주리라.

관음신앙은 AD 1세기경 남인도 지역에서 유행하여 중국으로 전해졌는데, 우리나라에는 삼국시대 때에 들어왔습니다. 관음신앙은 아시아불교 모두의 신앙이라고 해도 과언이 아닙니다. 특히 한국, 중국, 티베트, 일본 등 북방불교에서 더욱 신앙되어 온 관음신앙은 나라와 종파를 불문하고 통불교적인 색채를 띠고 있습니다. 그래서인지 관세음보살의 가피를 입은 사례와 영험은 실로 헤아릴 수 없이 많습니다.

대승불교가 지향하는 중생구제와 자비의 실천, 그리고 수행완성의 길목에서 관음신앙은 빠져서는 안될 중요한 요소입니다. 『관음삼매경』觀音三昧經은 "관세음보살의 본모습은 정법명왕여래이나 중생을 제도하기 위하여 활동할 때에는 보살로 화현한다."고 말씀하십니다. 또 『관음구고경』觀音救高經에서는 "관세음보살의 서원은 백천만억 부처님을 만나 뵙고 한량없는 겁을 지났으므로 그 공덕이 광대하다."고 하였습니다.

이로 볼 때 관세음보살님은 진리를 상징하여 나타내 보인(示現) 분으로, 과거·현재·미래의 시간과 시방세계十方世界의 공간을 통하여 영원히 멸하지 않는 모습을 보여주며 중생들을 섭수하여(이끌어 가르쳐) 신앙케 함으로써, 무한한 우주에 광명을 나타낸 것입니다.

관세음보살의 전생 이야기

여기서 우리는 관세음보살의 전생이야기를 다시 한 번 음미해 볼 필요가 있습니다.

옛날 남인도 마열바질이라는 나라에 장나라는 장자가 살고 있었습니다. 그는 마나사라라는 아름다운 여자를 아내로 맞이하여 사이좋게 잘 살았는데, 나이가 많도록 슬하에 자식이 없는 것이 불만이었습니다. 장자는 항상 천신에게 기도하며 아들을 낳게 해달라고 빌었습니다. 그랬더니 마나사라 부인이 곧 잉태해서 달덩이 같은 아들을 낳았고, 그 뒤 삼 년 만에 또 아들을 낳았습니다. 장자는 너무나 기뻐서 곧 관상가를 불러 아들의 장래를 보아 달라고 부탁하였습니다.

"이 두 아이는 용모도 단정하고 여러 가지 묘한 실상을 갖추었으나 부모와 인연이 박해 어려서 부모를 여의게 될 운명입니다."

관상가의 예언은 실망스러웠습니다. 하지만 아이들에 대한 장자의 사랑은 더욱 깊어졌습니다. 장자는 맏이에겐 조리早離, 둘째에겐 속리速離라는 이름을 지어주었습니다.

그런데 조리가 여덟 살이 되고, 속리가 다섯 살 되던 해 8월, 마나사라 부인이 그만 몹쓸 병에 걸렸습니다. 장자는 온갖 좋은 약을 구해다가 간병을 했으나 부인의 병은 더욱 깊어져서 임종을 맞게 되었습니다. 부인은 두 아들을 불러 놓고, 아버지에게 효도를 다하고 꼭 착한 사람이 되어야 한다는 말을 남기고 세상을 떠났습니다.

세월이 흘러 장자는 친구들의 권유를 따라 인근에 사는 비라 장자의 딸을 새 아내로 맞았습니다. 새 아내는 용모와 자태가 죽은 마나사라 부인과 많이 닮았으므로 아이들도 친어머니처럼 잘 따랐고, 그녀도 아이들을 잘 보살펴서 집안은 다시 평온을 찾았습니다.

그러던 어느 해 흉년이 들어 양식이 떨어졌고 온 동네 사람들이 굶어죽게 되었습니다. 장자는 아들과 새 아내를 남겨 둔 채 배를 타고 먼 나라로 곡식을 구하러 떠났습니다. 그런데 장자가 집을 비우자 새 아내에게 갑자기 나쁜 생각이 일어났습니다.

'만일 남편이 돌아오지 않는다면 아이들을 어떻게 키울 것인가. 또 돈을 많이 벌어서 돌아온다고 해도 내가 낳은 자식은 서자 취급을 당하고 저 애들에게만 상속될 것이니, 차라리 저 애들을 죽여 버리자.'

그녀는 아이들을 꾀어내기로 마음먹었습니다.

"얘들아! 저 남쪽으로 배를 타고 가면 큰 섬 하나가 있는데, 그 섬에는 기이한 화초도 많고 좋은 과실도 많으니 함께 소풍을 가자."

그렇게 먹을 것도 마실 물도 없는 무인도로 아이들을 유인한 그녀는 아이들이 놀이에 빠져있는 사이에 섬을 빠져나왔습니다.

조리와 속리는 해변에 흩어진 미역으로 굶주림을 견뎌 냈습니다. 하지만 그것마저 다 먹어 버리자 더 이상 먹을 것이 없었습니다. 맏이 조리는 '어떻게 해서라도 꼭 살아서 아버지에게 효도를 해야겠다.' 라고 다짐했지만, 기갈과 추위에 더는 견딜 수 없었습니다. 그러자 아우 속리에게 말했습니다.

"속리야, 이제 우리 목숨이 다된 것 같다. 살려고 해도 살 수 없는 우리 신세가 가련하구나. 그러나 세상에는 우리와 같은 사람이 많이 있을 것이다. 다음 생에는 우리처럼 부모를 잃고 기한에 떠는 자, 벗이 그리워 애통해 하는 자, 풍랑에 휩쓸려 고생하는 자, 독충과 악귀에 시달려 고난이 많은 자, 부처님을 만나지 못해 해탈을 얻지 못한 자, 그런 자들을 위해서 우리는 그들에게 알맞은 몸을 나투어 구제해 주자꾸나."

조리와 속리는 이렇게 서른두 가지의 원을 세우고 이것을 윗옷에 혈서로 써서 나뭇가지에 걸어놓고 죽었습니다.

한편 이웃나라로 갔던 장자는 낙타와 말, 코끼리 등에 진귀한 과일과 양식을 가득 싣고 집으로 돌아왔습니다. 그런데 누구보다도 먼저 뛰어나와야 할 두 아들이 보이지 않았습니다. 새 아내는 천연덕스럽게 두 아들이 실종되었다고 말했습니다.

장자는 아들의 행방을 알려 주는 사람에게는 자기가 가진 물건의 반을 주겠다고 하고 공포했습니다. 그러자 한 노인이 두 아들이 계모와 함께 무인도에 가는 것을 봤다고 알려 주었습니다.

하지만 두 아들은 이미 까마귀와 까치의 밥이 되어 썩은 시체만을 남긴 뒤였습니다. 장자는 자식의 유해를 확인하곤 그 자리에 쓰러져 한없이 울었습니다. 그러다가 햇볕에 바래어 희미해진 조리의 혈서를 발견하였습니다.

정신을 차리고 조리의 혈서를 읽어 가던 장자는 어느 순간 자신도 모르는 사이에 도심道心이 생겨났습니다. 아들의 간절한 서원을 다 읽고 난 장자는 하늘을 우러러 오백 가지의 대원을 세우며 발원했습니다.

"원컨대 나도 모든 악한 중생을 제도하고 조속히 불도를 이루오리다."

뒷날 조리는 인도 바라문교의 여신이 되어 백성을 수호하다가 오랜 세월이 지난 후 불교에 귀의하여 관세음보살이 되었으며, 동생 속리는 대세지보살이 되었습니다. 또 장나 장자는 석가모니 부처님이 되었습니다.

고난과 고통이 다가올 때 그것을 받아들이는 자세는 참으로 중요합니다. 우리는 고난과 고통을 어떻게 받아들였습니까? 인연과보가 다가오는 순리의 마음으로 받았습니까, 아니면 짜증을 내며 저주스러운 마음으로 도망을 쳤습니까. 그것을 긍정적으로 받아들일 것인가, 부정적으로 받아들일 것인가의 문제는 그 사람의 살아갈 인생과 미래를 좌우합니다.

고난과 고통은 우리를 더욱 강하게 만들어 주며, 인내와 용기를 일으키게 합니다. 비가 내린 후 땅이 굳어지듯이. 처음의 시작은 작은 차이가 나지만, 시간이 흐르고 난 뒤에는 엄청난 차이가 있는 것입니다. 악조건에서 이겨낸 힘은 잠재능력을 깨닫게 하며, 우리 안에 있는 불성을 발휘하여서 큰 원력을 세우게도 합니다.

먼 과거생의 부처님과 보살님들은 어려운 환경에 처해 있더라도 결코 굴복하거나 좌절하지 않았습니다. 오히려 긍정적으로 중생에 대한 자비심을 일으켜서 큰 원력을 세우고 하나하나 그 원력을 완성시켜 나갔던 것입니다. 고난이 찾아와도 참고, 웃으면서 넘길 수 있는 사람이 자유인이고 대장부요, 도인이라 할 수 있습니다.

> 인욕의 공덕은 계율이나 고행의 공덕보다 크다.
> 참을 줄 아는 자는 힘이 있는 진정한 큰 사람이다.
> 감로수를 마시듯 욕됨을 기꺼이 받아들이고
> 웃음과 고마움으로 받아 넘길 수 있어야 한다.
> 그렇지 못한 자는 지혜로운 도인이라 할 수 없다.
>
> - 불유교경 -

관세음보살님은 먼 과거생에 자신을 해친 계모를 용서하고 고난과 고통을 긍정적으로 받아들여 큰 원력을 세웠으며, 목숨이 다하는 순간에도 중생들에게 대비로 회향하셨습니다. 그렇게 거룩한 원력을 세워 인연을 심어놨기 때문에 대성자모大聖慈母인 관세음보살이 되었던 것입니다.

고난과 욕됨은 참기 어려운 것이 사실입니다. 진짜 참기 어렵다고 많은 분들이 호소를 합니다. 이 사바세계에 사는 자체가 고통입니다. 그러나 꼭 이겨내야 합니다. 희망을 가져야 합니다. 큰 원력을 세워야 합니다. 희망과 큰 원력은 모든 것을 이겨낼 수 있는 힘을 우리에게 가져다줍니다.

참아내는 것은 당연히 해야 하는 일입니다. 참아내지 못하는 인생은 삐뚤어지고 어둡기만 합니다. 고난과 참기 어려운 상황이 나를 괴롭히더라도 웃음과 고마움으로 넘길 수 있는 긍정적인 마음가짐이 필요합니다. 모든 것을 참아내고, 웃음 지을 때 관세음보살님은 나를 안아주고 지켜주십니다.

관음경은 그렇게 우리들에게 이상적으로 살아가는 방법을 제시하고 있습니다.

부처님은 대 긍정적인 분이십니다.

• 왜 관세음이라 부르는가 •

그때에 무진의보살이 자리에서 일어나 옷을 한쪽으로 치우쳐 오른쪽 어깨를 드러내고, 부처님계신 곳을 향해 합장을 하고 이렇게 여쭈었다.

"세존이시여! 관세음보살은 무슨 인연으로 이름을 관세음이라 합니까?"

爾時 無盡意菩薩 即從座起 偏袒右肩 合掌向佛 而作是言 世尊 觀世
이시 무진의보살 즉종좌기 편단우견 합장향불 이작시언 세존 관세

音菩薩 以何因緣名觀世音
음보살 이하인연명관세음

모든 경전의 첫 부분은 '여시아문'如是我聞으로 시작합니다.

"이와 같이 저는 들었습니다." 하고 첫 부분에서 밝혀두는 것은, 이 말씀이 부처님 말씀이라는 확실한 믿음을 주기 위해서, 부처님의 말씀을 가장 잘 기억하고 있던 다문제일多聞第一 아난존자가 증명하는 부분입니다.

신문기사가 육하원칙六何原則에 의해서 작성되듯이 부처님의 말씀도 여섯 가지의 조건에 근거해 불교 경전으로 인정되었는데, 이것을 '여섯 가지 조건을 갖추었다' 하여 육성취六成就라고 합니다. 육성취는 신信 · 문聞 · 시時 · 주主 · 처處 · 중衆으로 구성되어 있습니다.

신성취信成就 : 부처님의 가르침이 틀림없음을 확인하는 대목

문성취聞成就 : 내가 직접 들었음을 확인하는 것
시성취時成就 : 설법한 때
주성취主成就 : 설법을 한 주체
처성취處成就 : 설법한 장소
중성취衆成就 : 부처님 법문을 함께 들은 대중

모든 경전은 이 육성취를 밝히면서 시작됩니다. 그럼에도 관음경의 서두에 육성취가 보이지 않는 것은 관음경이 법화경의 한 부분으로 합편되었기 때문입니다. 법화경의 첫 단락을 이루는 육성취는 다음과 같습니다.

이와 같이 저는 들었습니다.
어느 때 부처님께서 왕사성 기사굴산에서 큰 비구 만이천 대중과 함께 계시었다.

如是我聞 一時 佛 住王舍城耆闍崛山中 與大比丘衆萬二千人俱

이와 같은 육성취는 아난존자의 뛰어난 기억력에서 나온 것이라 볼 수 있습니다. 아난존자는 부처님을 받들어 모시는 시자였는데 한 번 들으면 잊지 않는 뛰어난 기억력을 가졌다고 합니다. 그래서 다문제일 아난존자라고 불립니다.

부처님께서 입멸하신 후 가섭존자를 중심으로 올바른 교법과 계율을 유지하기 위해서 결집結集을 하였습니다. 결집이란 합송合頌을 행하는 것으로 부처님의 가르침을 대표자가 송출하고 전원이 찬성을 하면, 함께 칭송하는 것입니다.

가섭을 비롯한 500명의 아라한이 왕사성의 칠엽굴에 모여서 첫 번째 결집을 실시하였는데, 이것을 제1결집이라고 합니다. 가섭존자가 회의를 이끌었으며 지계제일이었던 우바리존자가 율律을, 다문제일 아난존자가 부처님의 가르침인 법法을 말하였고(誦出), 이들이 송출한 율과 법의 내용을 참가자 전원이 모두 인정하는 형태로 이루어졌습니다.

그 결과 본래 이야기 형식으로 전해지던 부처님의 가르침이 최초로 법과 율로 정립되었는데, 이러한 법과 율이 뒷날 경장經藏과 율장律藏으로 전해지게 되었습니다.

본문으로 들어가 보겠습니다.

경은 '그때에 무진의보살無盡意菩薩이 자리에서 일어나' 부처님께 관세음보살에 대해서 묻는 이야기 형식으로 전개됩니다. 즉 무진의보살이 관음경을 이끌며 부처님께 법을 청하는 역할을 하는 것입니다.

여기서 우리는 무진의보살에 대해 살펴볼 필요가 있습니다. 불교 경전에서의 물음이란 대개 세 가지 이유에서 이뤄집니다.

첫째, 전혀 모르는 경우

둘째, 알긴 하지만 정확히 알지 못하는 경우

셋째, 알고는 있지만 다른 사람들을 위하는 보살심에서

무진의보살은 어떤 사건이나 사실의 현상의 인연과보가 모두 다함이 없는 - 무진無盡함을 통달한 보살입니다. 이 보살은 위로는 모든 부처님의 공덕을 구하고, 아래로는 다함없는 중생을 제도하겠다고 원력을 세우신 - 발심發心한 분입니다.

모든 현상의 인연과보가 다함이 없는 것을 깨달은 무진의보살, 그 보살이 부처님께 관세음보살이 어떤 보살인지에 대하여 물은 것입니다. 그렇다면 이 보살은 정말 관세음보살에 대하여 몰랐던 것일까요?

무진의보살은 관세음보살에 대하여 너무도 잘 알고 이해하고 있습니다. 그렇지만 우리 중생들을 위하여 관세음을 널리 알리기 위해서, 중생에게 이익을 가져다주기 위해서 부처님께 법을 청하는 것입니다.

이것이 보살의 삶인 것이고, 참다운 법보시法布施인 것입니다.

이 대목에서 관세음보살의 이름은 빛났고, 진실한 성품에서 흘러나오는 참된 가르침인 실상묘법實相妙法의 간절함과, 텅 빈 겨울 하늘에서 흩날리는 새하얀 함박 눈송이처럼 청정한 법인 진공묘유眞空妙有의 모습이 그대로 드러났습니다.

'관세음보살은 무슨 인연으로 이름을 관세음이라 합니까?'

관음경의 핵심사상은 무진의보살의 이 첫 번째 질문에 모두 들어있습니다. 이 물음으로 관음경은 관세음보살을 사바세계에 등장케 하고 미묘한 법문을 열며, 그 서막을 여는 것이지요.

옷을 한쪽으로 치우쳐 오른쪽 어깨를 드러내고 합장한다는 것은 고대 인도에서 존경하는 분을 대하는 예법禮法입니다. 우리나라에서 큰절을 한 뒤에 무릎을 꿇고 앉는 거와 같은 것입니다. 무진의보살도 부처님께 법을 여쭈며 이와 같은 예법을 갖춘 것입니다. 법을 물을 때에는 이렇듯 예의를 갖춤에 있어서도 간절해야 합니다.

처음 출가해서, 선방에 방부를 들여놓고 등산을 한 일이 있었습니다. 한참 산길을 걷고 있는데 문득 한 생각이 일어났습니다.

'과거·현재·미래도 마음의 그림자이고, 전생·금생·내생도 마음의 그림자이며, 광활한 대우주도 마음의 그림자인데, 그럼 마음의 그림자가 아닌 것은 무엇인가?'

이 한 생각이 떠나지 않는 것이었습니다. 골똘히 생각하고 생각하여도 알 수가 없었습니다. 그래서 산에서 내려와 절집에 있는 공중전화로 당대의 선지식 스님에게 이 내용을 여쭈어 보았습니다.

그랬더니 대뜸하시는 말씀이 "염치가 없군." 하시는 것이었습니다.

"급한 일이라 염치가 없습니다."

하였더니 한번 찾아오라는 것이었습니다. 그렇게 전화를 끊은 나는, 그 스님도 '별것 아니구나!' 하는 오만한 생각을 가졌고 끝내 찾아뵙지도 않았습니다. 지금 생각해 보면 나의 오만과 가벼운 행동이 부끄럽기 짝이 없는 일화입니다.

큰스님께 법을 묻고자 한다면 직접 찾아뵙고 예의를 갖추어서 여쭙는 것이 법다운 일입니다. 그때의 내가 그렇게 법을 물었더라면 진리와 계합할 수 있었을지도 모를 일이죠.

합장은 두 손을 올려 가슴 앞에서 손바닥을 마주 합하는 자세입니다. 오른손은 부처님의 세계를 왼손은 중생인 나 자신을 상징합니다. 부처님과 중생이 하나의 평등한 생명으로 다름이 없음을 뜻하는 것이지요.

합장은 나보다 남을 높여주는, 교만하고 자만에 가득한 자신을 낮추는 하심下心의 표현이라 할 수 있습니다. 인도에서는 합장을 하면서 '나마스테' namaste 하고 인사하는 것을 볼 수 있는데, 그것은 당신에게 귀의한다는 뜻입니다.

세존은 부처님의 열 가지 이름(여래십호) 중에 하나입니다. 부처님께서 갖춘 공덕의 성품을 나타내는 여래십호는 다음과 같습니다.

여래如來 tathāgata : 진리에서 중생세계로 오신 분
응공應供 arhat : 존경받고 공양 받아야 할 분
정변지正遍知 samyak-saṃbuddha : 올바르게 깨달은 분
명행족明行足 vidyā-caraṇa-sampanna : 지혜와 행을 완전히 갖추신 분

선서善逝 sugata : 진리의 길로 잘 나가는 분

세간해世間解 loka-vid : 우주와 중생세간의 일을 다 아는 분

무상사無上士 annuttara : 최상의 분

조어장부調御丈夫 puruṣa-damya-sārathi : 중생을 잘 다스려서 열반으로
　　　　　　　　　　　　　　　　인도하는 분

천인사天人師 śāstā deva-manuṣyāṇām : 하늘과 인간의 스승이신 분

불세존佛世尊 buddha-bhagavat : 세상에서 가장 존귀한 분

대승경전에서는 여래와 세존의 명호가 자주 등장합니다.

법을 묻는 청법자는 세존이라는 호칭으로 법을 묻고, 설법하는 부처님은 당신 자신을 여래라고 자주 말씀하십니다. 여기서는 무진의보살이 법을 묻기에 '세존이시여' 하고 부처님을 부르는 것입니다.

• 부름에 응답하는 구세주 •

부처님께서 무진의보살에게 말씀하셨다.

선남자야, 만약 한량없는 백천만억의 중생이 온갖 고난과 고통을 받을 적에 '관세음보살'의 명호를 듣고 일심으로 관세음보살을 부르면, 관세음보살은 즉시에 그 음성을 관하고 모두에게 해탈을 얻게 하느니라.

佛告無盡意菩薩 善男子 若有無量百千萬億衆生受諸苦惱 聞是觀世音
불고무진의보살 선남자 약유무량백천만억중생수제고뇌 문시관세음

菩薩 一心稱名 觀世音菩薩 卽時觀其音聲 皆得解脫
보살 일심칭명 관세음보살 즉시관기음성 개득해탈

관음경은 기적의 경전이라고도 합니다. 기적이라는 것은 무엇일까요? 생각할 수 없는 신비한 일, 믿기 어려운 내용을 우리는 흔히 기적이라고 말합니다.

최악의 상황에서 아무것도 먹지 못하고 생존하여 버티다가 구출되거나, 고난과 고통을 받는 가난 속에서도 자신의 꿈과 희망을 잃지 않고 불굴의 투지로 인생을 개척해서 큰 성공을 이루는 삶, 수없는 죽음의 상황에 처했어도 죽지 않고 살아나오는 사람, 우리는 이것을 기적이라고 표현합니다.

칠레 북부 아타카마 사막의 산호세 광산 붕괴사고로 매몰되었던 광부

들이 69일 만에 기적적으로 돌아온 일이 있었습니다. 지하 700m 갱도에 갇혀 있던 33인의 광부들이 기적적으로 구조되자 전 세계가 환호의 함성과 축하의 메시지를 전했습니다.

광부들도 처음에는 구조되리라는 희망을 갖지 못했습니다. 삶의 출구가 없는 공간에서 패를 나누어 싸웠습니다. 서로를 저주하며 생존을 향한 의지도 잃은 채 시시각각으로 다가오는 죽음의 공포 앞에 무기력하게 쓰러져 갈 수밖에 없었습니다. 하지만 시간이 지나자 그들은 흐트러진 마음을 모았고, 모두가 간절히 기도를 하였습니다. 간절한 마음은 일심一心이 되고, 그 일심은 텅 빈 마음이 되었고 텅 빈 마음은 다시 기적을 만들어 냈습니다. 지상과 연락이 닿으면서 살 수 있다는 희망을 갖게 되었고 그런 희망이 불씨가 되어 생존의 의지를 되살렸던 것입니다.

기적은 간절히 바라는 텅 빈 마음의 상태. 즉 공空에서 일어납니다. 간절한 마음만 있으면 모든 수행을 완성시키며, 우주의 진공과도 연결되어집니다. 그러므로 간절한 마음이 일심이요. 일심이 곧 공 자체인 것입니다.

화엄경의 중요한 교리에는 연기성공緣起性空이라는 말씀이 있습니다. 일체만유가 연기- 즉, 인연에 의해서 일어나고 멸한다는 불교의 핵심교리마저도 공하다고 하는 것입니다. 그렇습니다. 텅 비어야(空) 비로소 유를 세울 수 있는 것이고, 공에서 기적이 만들어지며, 모든 것(萬有)들이 생겨나는 것입니다. 반야심경의 "물질이 공이요, 공이 물질이다."色卽是空 空卽是色와 같은 뜻입니다.

이러한 기적을 모두 관세음보살의 묘한 힘 때문이라고 하면 사람들은 믿을 수 있을까요? 우리 모두는 알게 모르게 관세음의 묘한 힘에 연결되어 있음을 알아야 합니다. 일체가 모두 공함을 알 때 관세음보살님의 능력을 이해하고 터득하며, 묘한 힘을 얻을 수 있는 것입니다.

본문을 보겠습니다.

한량없는 백천만억의 중생이 온갖 고난과 고통을 받을 적에 '관세음보살'의 이름을 듣고 일심으로 관세음보살을 부르면, 관세음보살은 즉시에 그 음성을 관하고 모두에게 해탈을 얻게 하느니라.

관음신앙은 불교를 믿든지, 믿지 않든지 관세음보살을 일심으로 부르기만 하면 모든 고난과 고통을 벗어나 해탈을 얻게 한다고 합니다.

이것이 관음신앙의 독보적인 형태입니다. 이것이야 말로 관세음보살의 대자대비의 마음을 들여다볼 수 있는 것이고, 관세음보살님의 중생에 대한 사랑이 어떠한지를 말해주고 있는 것입니다.

염불이란 부처님과 보살님을 생각하고 기억하는 것을 말합니다. 단지 입으로만 부처님 명호를 부르고, 외우는 것은 공염불에 지나지 않습니다. 마음과 생각에 부처님의 명호를 각인刻印시켜서 저절로 명호가 떠오르고,

생각되는 것이 참된 염불인 것입니다.

염불에도 여러 방법과 종류가 있는데, 흔히 칭명염불稱名念佛 · 관상염불觀像念佛 · 관상염불觀想念佛 · 실상염불實相念佛 등의 4종염불을 이야기합니다.

칭명염불은 부처님의 명호를 생각하고 기억해서 번뇌 망상을 여의고 깨달음으로 이르는 간단하고도 쉬우며, 빠르고 확실한 염불법입니다.

관상염불觀像念佛은 부처님의 원만상호인 32상 80종호를 관하는 염불법입니다.

관상염불觀想念佛은 부처님의 자비공덕과 지혜공덕을 상상하는 염불법입니다. 이 염불법은 반주삼매를 성취할 수 있다고 합니다. 반주삼매란 '불보살을 직접 보는 경계'를 말합니다.

실상염불은 유무를 떠난 부처님의 법신인 중도실상(中道實相, 하나의 진실된 모습)과, 우주에 항상 있는 부처님의 성품 자리인 진여불성眞如佛性을 생각하고 관하는 염불법입니다.

칭명염불은 부처님 당시부터 행해졌던 정통수행법입니다. 달마대사도 「달마선사관문」과 「달마관심론」에서 칭명염불을 이야기했으며, 서산대사는 「선가귀감」에서 "염불은 입으로만 하면 송誦이요 마음으로 할 때는 염念이니, 다만 송은 있고 염을 잃어버리면 도에는 이익이 없다."고 밝히기도 했습니다.

칭명염불은 염불의 기본이면서 모든 염불을 포섭한 방법입니다.

중요한 것은 입으로만 염불을 하는 것이 아니라, 생각과 마음에서 부처님의 명호를 칭명하고 새겨서 입과 생각과 마음 그리고 몸이 하나가 될 때 참된 칭명염불이 되는 것입니다.

여기서 우리는 일심칭명一心稱名에 대해 생각해 볼 필요가 있습니다.

일심칭명이란 관세음보살을 일심으로 부르는 것을 말합니다. 일심은 완성된 마음이며, 순일한 마음이며, 믿는 마음이며, 지혜의 마음이며, 순수한 마음입니다. 즉 우주법계와 하나 되는 마음입니다. 일심은 반야바라밀을 행하는 마음이며, 공을 체험한 마음이며, 번뇌를 떨어버리고 법신法身이 드러나는 맑고 밝은 마음입니다.

그렇기에 일심은 한 번만 관세음보살을 부르는 것이 아니라, 완성된 마음과 공의 마음이 되도록 관세음보살에 대한 생각이 끊어지지 않게 부르는 것입니다.

성공한 축구선수나 발레리나를 보면 일심이 무엇인지 조금은 쉽게 그 답을 얻을 수 있을 것입니다. 끊임없는 노력으로 피나는 연습을 해 온 그들의 발 모양은 모두가 괴이하게 생겼습니다. 그러나 그런 발로 멋진 골을 넣고, 아름다운 발레리나의 모습을 보여주는 것이지요. 하나의 멋진 작품을 만들기 위해 수없는 반복을 해 왔던 겁니다.

이렇듯 몸과 마음이 하나가 되고 마침내는 그 하나마저 떨쳐져 나간 것이 일심이라고 할 수 있습니다.

부처님은 『문수설반야경』에서 일행삼매一行三昧를 이렇게 설명합니다.
"법계는 하나의 모습이니, 마음을 법계에 묶어두고 하나가 되는 것을 말한다."

사람이 활쏘기를 배울 때, 오래 익히면 비록 무심이 활을 쏘아도 화살을 놓으면 모두 과녁에 꽂히는 것과 같이, 불가사의한 삼매를 처음 배울 때에는 마음을 법계에 묶어두지만 만약 오래 익혀 이루어지면 다시는 마음에 생각이 없어도 항상 선정과 함께 합니다.

부처님은 일행삼매에 들어가는 수행 방법을 이렇게 제시합니다.
"한 부처님을 선택해서 그 한 부처님에게 마음을 묶어놓고 오로지 이름을 불러야 한다. 한 부처님의 이름을 생각 생각해서 서로 이어져 나가면(念念相續) 곧 생각 중에서 과거·현재·미래의 모든 부처님을 볼 수 있다."

이와 같이 참된 삼매에 들어가기 위해서는 끊임없고 간절한 염불을 무한히 반복해야 합니다. 관세음보살을 깊고 힘차게 참구해야 삼매를 체험할 수 있고, 삼매를 체험해야 관세음보살의 위대한 능력을 이해하며, 그 힘을 얻을 수 있는 것입니다.

그러나 극심한 고난과 고통의 다급한 상황에 처해 있을 때에는 단 한 번의 칭명으로도 일심에 이른다는 것을 아셔야 합니다.

불보살님을 일심으로 부르는 것을 염불삼매念佛三昧라 합니다.

염불삼매란 진여삼매(眞如三昧, 염불에 푹 빠져 있는 삼매)이며, 진여삼매는 곧 반야바라밀般若波羅蜜입니다.

원효스님은, "일심一心은 단순히 깨달음의 본체로서의 평등무이平等無二한 자체일 뿐만 아니라, 또한 생동하는 깨달음의 주체로서 집착이 없는 대지혜大智慧와 절대무애(絕對無碍, 다른 것에 비길 수 없는 자유)의 대자비행大慈悲行을 일으키는 여래의 청정법신淸淨法身으로서 작용한다."고 밝히고 있습니다.

또한 일심에 의한 맑고 깨끗한 지혜의 모습은 법력法力의 영향에 의하여 진여(염불)를 수행하여 방편을 만족시키며, 그 결과로 화합和合되어 있는 육식六識을 파괴하여–서로 의존하려는 마음의 작용을 부수어 버리고 상속相續되는 마음의 모습(相)들을 멸하여 법신法身으로 밝게 드러나게 된다고 하였습니다.

무엇과도 비길 수 없는 '무애박'을 들고, 아무 것에도 걸림이 없는 '무애가'를 부르며, '무애무'를 추며 모두에게 '나무 아미타불'과 '나무 관세음보살'의 염불을 하도록 권하셨던 분이 원효스님입니다.

원효스님은, 구함과 집착을 없애 탐욕과 성냄과 어리석음을 여의고, 너와 나 그리고 세간과 출세간의 분별을 떠난 일심一心에 이르면, '나라는 껍데기 속의 나'가 바로 광명 가득한 아미타불이요, 자비의 화신인 관세음보살이라고 말씀하셨던 것입니다.

간절한 기도로 자성관음을 찾다

끝없는 수행의 길로 들어선 수행자라면 대개가 그렇듯이, 필자 또한 출가자가 되어 처음 수행하던 때가 가장 기억에 남습니다.

출가할 때의 거창했던 기대감과 절집에 대한 신비한 감정이 조금씩 무너져 내릴 때, 바랑을 짊어지고 찾아간 곳이 관음도량으로 유명한 보리암이었습니다. 산길을 힘들게 올라가면서 바라본 금산의 경치는, '이곳에서 한 번 열심히 공부해 보자'는 마음을 저절로 일으켰고, 그런 환희심은 굳은 결심을 세우게 했습니다.

그때의 마음은 순수했고 다급했습니다. 처음 길을 떠나는 아무것도 모르는 처녀처럼 마냥 설레기만 하던 풋내기 스님이 선택한 수행법은 관음기도였습니다.

드디어 새벽예불을 시작으로 나의 관음기도가 시작되었습니다.

단전에 힘을 주고 목청껏 부르던 '관세음보살'은 처음에는 너무도 힘들었습니다. 어찌나 크게 불렀던지 며칠이 되기도 전에 목은 쉬어 목소리가 안 나왔고, 숨 쉬는 것조차 힘에 부쳤습니다. 기도에 대해서 물어볼 스님도 없었고, 무엇을 어떻게 해야 할지도 모르던 때였습니다. 그저 귀동냥으로 나를 위로하며 밤낮을 가리지 않고, 간절하고 힘차게 염불을 하면서 하루하루를 보낼 수밖에 없었습니다.

그런 중에도 일주일이 지나자 그 많던 생각들이 조금씩 끊어져 갔습니다. 그러다 어느 순간 문득 이뤄지는 번뇌 망상의 끊어짐, 그 끊어진 시간은 짧기만 했습니다. 하지만 그런 시간이 반복되면서 생각의 끊어짐도 점점 길어졌습니다. 이때 문득 원력을 세워야겠다는 생각이 들었습니다.

'모든 중생을 구제하겠습니다.'

원력을 세운 뒤부터는 더욱 열심히 정진하였습니다. 이때부터는 주위 사람들과 말도 하지 않았고, 가능한 땅만 쳐다보았습니다. 정신이 반쯤 나간 사람처럼 온몸과 마음으로 '관세음보살' 명호만을 밀어붙였습니다.

법당 기도가 끝나면 좌선을 하였고, 금강경 독송과 사경으로 하루 일과를 마쳤습니다. 그렇게 1백여 일이 지나자 절로 기쁜 마음(法悅)이 일어나 매일 매일을 즐거운 마음으로 보낼 수 있었습니다. 그럴수록 관세음보살님에 대한 감사의 기도는 더욱 충만해졌습니다. 마음은 점점 더 비워져갔습니다.

그러더니 머리 안에서 젤리 같은 것이 흘러내리는 듯했고, 오묘한 꿈을 꾸기 시작했습니다. 어느 날인가는, 잠을 자다 깨어나 그다지 밝지 않는 둥근달을 보았는데, 그 뒤로는 사람들의 길흉화복이 보이기 시작했고, 사람들의 마음을 읽어내면서 그의 전생과 내생을 알 수 있었습니다. 몸과 마음이 자연과 하나가 되면서 자연의 이치와 하늘의 뜻을 알게 된 것이었습니다. 그러나 이런 것들이 완성된 깨달음이 아니란 것을 알아차린 나는 입단속을 하여 전혀 내색을 하지 않았습니다.

그러던 중 서서히 마장이 찾아왔습니다. 까닭 없이 대중들에게 시기를 받는 몸이 되기도 했고, 마음속에는 불교 지식을 채우려는 욕심이 강하게 일어나 이상한 일을 겪기도 하였습니다. 그러나 이때에는 신심과 정진이 굳건하여서 큰 동요는 없었습니다.

대중들의 방해를 피해 찾아간 곳은 공양간 바위 뒤의 조그마한 동굴이었습니다. 이 산속 동굴은 혼자서 금강경 독송과 좌선을 하기에는 아주 안성맞춤이었습니다.

그곳에서 정진을 하며 2백여 일이 지난 무렵의 어느 날이었습니다. 어둠이 채 가시지 않은 새벽녘이었는데, 금강경을 독송하고 있는 사이에 동이 트기 시작했습니다. 경전에 빠져 독송을 하고 있는데 이상한 느낌이 들었습니다. 오른쪽 바위를 힐끔 쳐다보니 종달새 한 마리가 나를 빤히 내려다보고 있었습니다. 새까만 윤기가 반짝이는 깃털을 가진 다부진 몸매의 종달새였는데, 칠흑 같은 눈에서는 강렬한 불꽃이 일고 있었습니다. 그 조그만 새는 잠깐 동안 나를 빤히 쳐다보더니 힘차게 날아오르며 지저귀기 시작했습니다. 한데 그 소리가 우레와 같아 마음속이 진동하는 것이었습니다. 나중에야 알았지만 그 새는 관음조였습니다.

그 일이 있고 난 뒤로, 더러운 것이 다 빠져나간 듯 몸이 새털처럼 가벼워졌습니다. 마음 또한 강하면서도 부드러워 나쁜 일과 더러운 생각에 물들지 않게 되었습니다. 늘 잔잔한 미소가 떠나지 않는 그렇게 좋은 나날을 보내던 어느 날이었습니다.

한 꿈을 꾸었는데, 망망대해의 삐죽이 솟은 바위 위에 걸터앉아 있던 내가 말했습니다.

"고난과 고통에 빠진 중생을 제도하러 가야 되겠다."

하곤 망망한 바다 위를 날아가는 것이었습니다.

찬란한 빛 덩어리가 되어 바다 위와 하늘을 자재로이 날아다니는 내 몸, 그것은 영락없는 수월관음의 모습이었습니다.

관세음보살을 일심으로 칭명하고 일념으로 부르면 관세음보살은 그 소리를 관觀하고 해탈을 얻게 한다고 하였습니다. 극락세계에 태어나 깨달음을 얻는 것이 아니라 바로 이 자리에서 깨달음을 얻게 한다는 것입니다. 이는 관음경이 현세의 복을 비는 것을 뛰어넘어, 인간의 가장 근본적인 문제인 고난과 고통을 바로 해결해주는 방법을 제시하는 동시에, 깨달음으로 연결된다는 것을 첫 단락부터 보여주는 것입니다.

그렇다면 관세음보살은 우리들의 소리를 어떻게 알아들으실까요?

관세음보살은 우리들이 음성과 마음으로 내는 간절한 소리를 관觀하십니다. 관觀이란 마음으로 소리를 보고, 냄새를 보고, 맛을 보며, 촉감을 보는 것입니다. 소리는 미세한 빛의 파장이라고 할 수 있습니다. 그것은 눈으로는 볼 수 없는 고차원적인 빛으로, 마음의 귀로만 알아들을 수 있습니다.

소리를 관한다는 것은 끝없는 우주법계에 펼쳐있는 차원 높은 빛을 보는 것이라 할 수 있는데, 이는 무념無念이 되어야 가능합니다. 번뇌 망상이 떨어져 나간 무념의 상태에 이르러서야 마음으로 볼 수 있는 관이 이루어질 수 있으며, 이때 비로소 차원 높은 빛과 항하사의 모래와 같은 중생의 갖가지 소리를 들을 수 있는 것입니다.

세음世音은 세상의 소리이니 무주無住입니다. 소리는 머물러 있지 않습니다. 무주는 어디에도 머물지 않습니다. 즉 무념으로 중생의 고통소리를 듣고 머물지 않는 무주의 마음으로 온갖 소원을 들어주는 것입니다.

보살은 지혜입니다. 지혜는 모습이 없는 무상無相입니다. 그렇기에 자유자재한 지혜의 힘으로 중생들을 이끌어 해탈을 얻게 하는 것입니다.

보리암에서 정진할 때의 일입니다.

아침기도를 마치고 사중 제사를 지내는데, 법당 밖에서 한줄기 바람이 일더니 그 바람에 맞추어 대나무 군락이 아름답게 춤을 추기 시작했습니다.

그러자 한눈에 드러나는 바람의 형태와 움직임.

바람과 대나무 그리고 염불소리가 한태 뒤엉켜 형용할 수 없는 장엄함을 주는 그 광경을 어찌 말로 다하겠습니까. '관세음보살님이 중생의 소리를 관한다는 것이 이런 이치인가' 하고 처음으로 느낀 날이었습니다.

『능엄경』은 관세음보살이 중생의 소리를 어떻게 듣는지를 잘 보여 줍니다. 관세음보살은, 문사수(聞思修, 불법을 듣고 생각하고 수행함)의 삼매에 들어 공空과 깨달음이 원만해서 적멸寂滅을 얻었고, 번뇌가 꺼져버린 적멸을 비추어 보았기에 깨달음을 얻었다고 밝히면서 이렇게 말합니다.

"저는 '듣는 성품을 돌이켜 보기 때문에' 모든 이들이 관음이라 부르며, 그 관음이 우주법계에 두루 퍼지게 되었습니다."

그렇습니다. 관세음보살이 우리 중생들의 온갖 소리를 듣는 것은 이 관觀과 음音, 즉 빛과 소리가 우주법계에 꽉 차 있기 때문에 우리들의 고통의 소리를 알아듣고, 근기를 알아보며, 그 소원을 들어주는 것입니다.

만약 관세음보살의 이름을 마음으로 지닌 자가 있다면, 가령 큰 불속에 들어가더라도 불이 그를 태우지 못하나니 이는 관세음보살의 '위신력' 때문이니라. 만약 큰물에 빠져 흘러갈지라도 관세음보살을 부르면 곧 얕은 곳으로 이르게 되느니라.

若有持是觀世音菩薩名者 設入大火 火不能燒 由是菩薩威神力故
약유지시관세음보살명자 설입대화 화불능소 유시보살위신력고

若爲大水所漂 稱其名號 卽得淺處
약위대수소표 칭기명호 즉득천처

관세음보살의 명호를 마음으로 항상 지니면, 중생이 어느 곳에 있든지 관음의 위신력이 작용하게 됩니다. 단지 입으로만 부른다면 그것은 복덕에 지나지 않지만, 몸과 마음 깊숙이 명호를 지니는 사람은 항상 '관음묘력'과 함께 하는 것입니다. 그렇기에 간절한 칭명稱名은 장소를 구애받지 않고 가피를 받을 수 있게 되는 것입니다.

요즘 시대는 상상할 수조차 없는 흉악한 일들이 지구 곳곳에서 많이 일어납니다. 말 그대로 말법시대입니다. 지구 온난화로 인한 쓰나미와 최악의 홍수, 가뭄 등은 수많은 인명과 재산을 앗아갔으며, 근래에는 강한 지진과 화산 활동이 연속적으로 일어나면서 불의 재앙에 대한 공포심까지 일어나고 있습니다. 사람들의 마음은 어디에도 기댈 수 없는 아수라장이 되어 버렸습니다.

이런 대재앙을 어떻게 대비할 수 있겠습니까?

영장이라는 인간들도 자연의 대재앙 앞에서는 추풍낙엽이 되어버립니다. 사이비 종교 지도자들은 '지구 종말론'을 들먹이며 미혹한 중생들을 어둠의 구덩이에 빠뜨리기도 합니다. 관음경은 이러한 자연의 대재앙인 화재火災·수재水災·풍재風災 등의 삼재三災를 벗어나는 방법을 제시하고 있습니다.

그것은 오로지 관세음보살의 명호를 항상 지니라는 것입니다.

마음 깊숙이 간절하게, 뼛속에 사무칠 때까지, 마음이 텅 빌 때까지 관세음보살의 명호를 지니면 자신도 모르게 '관음위신력'이 작동하게 된다는 것입니다.

참 신기하지 않습니까.

상상할 수조차 없는 자연의 대재앙이라 해도 마음 안의 관세음보살이라는 스위치를 누르는 순간, 관세음의 위신력이 전자장치의 기계가 움직이는 것마냥 작동하여 전혀 다른 상황이 펼쳐지는 것입니다.

우리의 정신과 마음은 이와 같은 힘이 있습니다.

끓는 물도 이겨 낸 관음정근 - 화재火災

관세음보살을 불러서 불의 재앙에서 벗어난 일화는 수없이 많습니다. 여기에서는 제가 겪었던 일을 소개할까 합니다.

저는 관음염불을 세세생생 수행하겠다는 원력을 세우고 정진하는 관음수행자입니다. 그렇게 세월이 흘러 이십 년에 이르자, 산중에서 십 년 공부하는 것보다 세속에서 일 년 공부하는 것이 더 빠르다는 생각이 들어, 관세음보살의 뜻을 펴기 위해 조그마한 도심 포교당 개원을 준비할 때였습니다. 작은 포교당이라 해도 개원 준비는 혼자 해야 했기에 밤낮을 가릴 처지가 아니었습니다.

그러던 어느 날 오후, 힘든 일을 한 뒤라 매우 지쳐있을 때였습니다. 차를 마시려 전기포트에 물을 끓여 다관에 팔팔 끓는 물을 붓는데 문득 이상한 느낌이 들었습니다. 정신을 차리고 다관을 쳐다보니 끓는 물을 다관이 아닌 내 손에 붓고 있는 것이었습니다. 순간 손을 빼며 나 자신도 모르게 반조返照를 하니 마음 안에서는 관세음보살을 염하고 있었습니다.

끓는 물을 들이부었건만 손은 조금 벌겋게 달아올랐을 뿐 심한 화상이 아니었습니다. 관세음보살의 위신력이 아니라면 있을 수 없는 일이 일어난 것이지요. 마음 깊이 관세음보살을 항상 지니는 자는 언제 어디서든지 보호하며 바라보고 계시다는 것을 다시 한 번 확인케 해준 날이었습니다.

장애를 벗어나 진리를 보다 - 마음의 삼재三災

결과를 알 수 없는 인생이라는 드라마에서는 삼재가 한꺼번에 닥쳐오는 경우도 많습니다. 그것은 자연의 재앙이라기보다는 마음속에서 들려오는 불과 바람과 물의 재앙입니다.

영화 '리틀붓다'에서는 싯다르타 태자가 고행을 버리고 중도를 선택한 뒤 깨달음에 들기 직전 마왕 파순과 마지막 대결을 벌이는 장면이 나옵니다. 파순은 자신의 부대를 이끌고 거대한 해일로 깨달음을 얻는 것을 방해하고, 불화살로 생명을 위협하지만 태자는 그동안 수행한 힘으로 그것들을 무력화 시킵니다. 그리고 마지막으로 내면의 강력한 바람인 자신과의 대결에서 승리를 거두고 부처님이 됩니다.

수행자에게는 재앙이 한꺼번에 닥쳐오는 일이 있습니다. 그 마장을 이겨내야 올바른 길을 갈 수 있고, 깨달음도 얻을 수 있는 것입니다. 마장은 마음 안과 마음 밖에서 찾아오지만 대부분 자신이 만들어 놓고 받는 것이라 할 수 있습니다. 나의 욕심과 성냄과 어리석음이 때가 되면 찾아와 괴롭히는 것입니다. 때로는 수승한 수행 경지에서 오는 장애도 있습니다.

보리암에서의 기도를 만족스럽게 마친 나는 천하를 손안에 넣은 듯했습니다. 그러자 선방에서 정진하며 더 밀어붙이면 무언가 이룰 수도 있겠다는 자신이 생겼습니다. 그렇게 선원에 방부를 들였습니다.

한데 며칠 여유가 있어 결혼한 속가 동생 집에 들른 것이 사단이었습니다. 그곳에서 본 아우의 결혼사진 한 장이 나의 심장을 멈추게 한 것이었습니다. 흡사 생명이 얼마 남지 않은 듯 앙상한 뼈만 남은 아버님. 그때의 충격이란, 나는 잠시 동안 아무 생각도 할 수 없었습니다. 이제까지 천하가 내 손안에 있다던, 모든 이들을 구제하겠다던 탕탕하고 호기롭던 젊은 스님은 어디론가 가버리고 회한에 찬 어설픈 까까머리 중만 남아있었습니다. 그동안 공부했던 것은 아무 쓸모도 없었습니다. 단 한 방에 KO가 되어 나가떨어진 것이었습니다.

며칠을 힘없이 누워만 있었습니다. 아무 생각도 나지 않았고, 죽은 시체처럼 삭막하기만 했습니다. 그러던 어느 날 눈에서 한 줄기 빛이 빠져나가는 느낌이 왔습니다. 마치 헬리콥터 프로펠러가 하늘로 올라가는 것마냥 내가 공부한 모든 것들을 잃어버린 것이었습니다. 빛을 뿜어내고 보니 몸에는 힘이 조금씩 붙었으나 마음은 그전처럼 맑지가 않았습니다.

수행한 것을 잃고 수행의 중점도 잃다보니, 슬슬 나를 괴롭히고 힘들게 했던 사람들이 생각났습니다. 나쁜 놈들, 괘씸한 놈들… 그런 원망하는 시간이 지나갔습니다. 그러자 이제는 더욱 나약해지고, 바보 멍청이가 되어가며 온갖 상상에 사로잡히고 말았습니다. 때론 혼자 토굴에서 정진을 한 끝에 부처를 이루어 중생을 제도하는 상상 속에 빠져 지내기도 했습니다.

이렇게 살다가는 안되겠다는 생각이 들었습니다. 억지로라도 전에 익혀왔던 습관대로 금강경 독송과 관음염불에 매진하기 시작했습니다. 그러던 중 눈에 띈 글귀.

"얻으면 잃고 잃으면 다시 얻나니, 잃고 얻음을 놓을 때가 비로자나부처일세."

참으로 묘한 전율이 흘렀습니다.

단번에 눈길을 사로잡은 그 말씀을 되뇌는데, 십년 묵은 체증이 뻥 하고 뚫리는 기분이 들었습니다.

그대로 허약해진 몸과 답답한 마음을 이끌고 월악산의 한 암자로 들어갔습니다. 끝장을 보자는 생각이었습니다. 다행이 주지스님께서는 반갑게

맞아주었고, 처음 시작한다는 마음으로 다시 관음기도에 들어갔습니다.

도량을 청소하고, 밥 짓고, 빨래하고, 허드렛일을 하면서 정진을 해나가니 전에 빠져나갔던 빛이 다시 돌아왔습니다. 일분 일초를 놓칠세라 관세음보살을 입과 마음으로 하루 종일 끊임없이 불렀습니다. 관세음보살에 대한 생각이 오롯하니 꿈속에서도 관세음보살을 부르게 되었습니다.

몸에 한계가 왔는지 심한 몸살이 찾아왔습니다. 법당에서 기도하다가 쓰러지고, 앉아서 정진하다가 쓰러지고… 그래도 물러서지 않았습니다. 그렇게 정진을 하는데, 어떤 사람이 나타나더니 내게 밝은 빛을 비추어주고 있었습니다. 비몽사몽간이었습니다. 그렇게 몸살은 나았고, 며칠이 지났습니다.

법당에 앉아 끊임없이 관세음보살을 칭명하는데 문득 뚝 끊어진 소식이 왔습니다.

깜짝 놀라 밖으로 나오니, 세상사 모든 일들이 힘차게 부는 바람 속으로 빨려 들어가는 것이었습니다. 그때 지은 게송입니다.

관세음보살을 끊임없이 칭명하며
회광반조回光返照하니 내가 관음일세.
마음을 일으키면 만법이 생生하고
마음이 멸하면 만법이 멸滅함을

바람 속에 묻어두니

일日토끼, 월月토끼가 춤을 추네.

부처님의 가피를 바라기 전에 먼저 마음 다스리는 법을 배워라.

제가 신도님들에게 늘 하는 말입니다. 그래야 그 가피가 오래갑니다. 즉 보배를 지킬 줄 알아야 한다는 것입니다. 어느 한 경계를 이루면 항상 자신을 살펴서 나쁜 일에 물들지 않도록 힘써야 합니다.

수행하는 사람은 수행의 길에 찾아오는 장애에 대하여 알아둘 필요가 있습니다. 그리고 마장이 닥치면 피하려 하지 말고 받아들여야 합니다. 안 그러면 다음날 더 크게 나에게 닥쳐오니까요.

장애를 이겨내는 방법은 바른 생각과 올바른 마음가짐 그리고 끊임없는 정진뿐입니다. 왜냐하면 나는 청정한 부처님 안에 머물고 있고 마구니는 티끌 번뇌에 있기 때문입니다. 마장이 힘들고 두려운 것은 나의 마음이 일어나기 때문입니다. 나의 마음이 동요하지 않는다면 설사 그들이 신통변화를 일으켜 나를 해하려해도 해칠 수가 없는 것입니다.

무쇠소가 사자 울음소리를 무서워하지 않듯이 말입니다.

만약 백천만억이나 되는 중생이 금·은·유리·자거·마노·산호·호박·진주 등의 보배를 구하기 위해 큰 바다에 들어갔을 때에, 맹렬히 부는 회오리바람을 만나 나찰귀의 나라에 흘러들어갈지라도, 그중에 한 사람이라도 관세음보살의 명호를 부르는 자가 있으면 모든 사람들이 나찰의 난難을 벗어나게 되리니, 이 인연으로 이름을 '관세음'이라 하느니라.

若有百千萬億衆生 爲求金 銀 琉璃 硨磲 馬瑙 珊瑚 虎珀 眞珠等寶
약유백천만억중생 위구금 은 유리 자거 마노 산호 호박 진주등보
入於大海 假使黑風吹其船舫 飄墮羅刹鬼國 其中 若有乃至一人
입어대해 가사흑풍취기선방 표타나찰귀국 기중 약유내지일인
稱觀世音菩薩名者 是諸人等皆得解脫羅刹之難 以是因緣 名觀世音
칭관세음보살명자 시제인등개득해탈나찰지난 이시인연 명관세음

이 단락은 앞부분에 이어서 바람의 재앙에 대하여 말씀하신 것입니다.

바람의 재앙은 무섭습니다. 바람은 화재와 수재를 같이 몰고 다니는 골치 아픈 존재입니다. 특히 강력한 회오리바람의 상승기류는 나무나 자동차, 집 등 뭐든지 공중으로 날려버립니다. 또 곤충이나 병균들을 옮겨서 한 지역을 초토화시켜 버리기도 합니다.

그러나 이와 같이 무서운 자연재해를 맞더라도 관세음보살을 믿고 관세음보살의 명호를 부르면 재해에서 벗어나고 귀신의 난에서도 벗어난다는 것입니다.

관세음보살님을 알고, 관세음보살의 '위신력'을 믿으십시오.

그리고 관세음보살을 불러보십시오.

무엇이 문제입니까? 아무리 험난한 사바세계라 해도 당신이 관세음보

살을 믿고 명호를 부르면 그 위대하고 신묘한 지혜의 힘은 당신 것이 됩니다. 그러기에 이름을 관세음보살이라 한 것입니다.

보리암 관음기도와 태풍 - 풍재風災

관음도량인 남해 보리암은 바닷가에 자리 잡고 있어서 경치는 뛰어나나, 바람이 세차게 부는 때가 많습니다. 특히 일 년에 한두 번은 태풍이 불어닥치지만, 큰 피해 없이 늘 꿋꿋하게 버텨온 보리암은 항상 기도 올리는 대중들로 북적거리는 도량입니다.

보리암에서 삼백일 기도를 올리던 때의 일입니다.

태풍이 지나간다는 예보를 들은 주지스님은 암자가 피해를 입을까봐 근심걱정을 하고 있었습니다. 마침 새벽녘에 태풍이 지나친다는 뉴스를 듣고는 더욱 불안해졌습니다. 그날, 저녁공양을 마친 주지스님은 방에 들어가 오로지 관세음보살님께 매달렸습니다. 일기예보처럼 밤부터는 세찬 바람이 불더니 창문이 심하게 흔들리기도 했습니다.

"관세음보살님 큰 피해 없이 태풍이 지나가게 해 주십시오. 관세음보살, 관세음보살, 관세음보살…"

주지스님은 열심히 관세음보살을 불렀습니다.

이때 저는 출가해서 처음으로 수행을 하던 때인지라 신심도 났고, 관세음보살님을 믿었기에 태풍이 온다는 소리에도 아무 걱정 없이 관세음보살님한테 빠져있었습니다.

다음 날 새벽, 밖으로 나오니 뜨락은 무릎까지 물이 찼고 부러진 나뭇가지들이 이리저리 뒹굴고 있었습니다. 그런데도 법당으로 가보니 대중들은 모두 무사했습니다.

아침공양 시간이었습니다.

"걱정이 돼서 밤중에 밖에 나갔는데 글쎄, 태풍이 나를 들어서 내팽개치는 게 아니겠어… 아휴, 죽는 줄 알았어."

그렇게 아찔한 순간을 넘긴 주지스님은, 그때 문득 더욱 열심히 정진해야겠구나 하는 굳은 생각이 들더란 이야기도 덧붙였습니다. 보리암 주지스님은 태풍과의 싸움에서 수행자의 꽃인 '보리심' 菩提心을 얻었던 것입니다.

그런 강풍이 쓸고 갔는데도 지붕의 기와 몇 장이 떨어져 나가고 몇 그루의 잡목만이 부러졌을 뿐 큰 피해가 없었던 그날의 태풍은 지금도 잊히질 않습니다.

부디 잊지 마십시오.

고난과 고통에 처해있을 때에 관세음보살을 부르면 온갖 어려움에서 벗어나고 해탈을 얻을 수 있다는 것을 말입니다.

고난은 저만치 물러나고 고난의 현실과는 반대의 현상이 펼쳐집니다.

이것이 바로 관세음보살의 성스럽고 묘한 위신력의 작용입니다.

제2장

고통 면하기를 연꽃같이

• 관세음보살은 인연을 가리지 않는다 •

다시 어떤 사람이 해를 입게 되었을 때에도 관세음보살을 부르면 저들이 잡은 칼과 몽둥이가 조각조각 부서져서 해탈을 얻게 되느니라.

若復有人臨當被害 稱觀世音菩薩名者 彼所執刀杖尋段段壞 而得解脫
약부유인임당피해 칭관세음보살명자 피소집도장심단단괴 이득해탈

이번 단락은 인간이 삶 속에서 겪게 되는 7난의 재앙 중 앞의 삼재에 이어서 네 번째인 검난劍難을 말하고 있습니다.

우리가 살고 이 시대는 문명의 발달로 모든 것이 풍부해졌고, 고도 산업들이 하루가 다르게 발전해 왔습니다. 그러나 거기에 따른 정신과 마음

이 함께 발달하지 못한 것도 사실입니다. 문명의 발달은 집착심을 키웠고 그 집착심은 무엇이든지 자기 것으로 만들려고 하는 강한 소유욕에 얽매이게 만들었습니다.

어릴 때부터 컴퓨터게임에 중독된 청소년들은 자신만의 테두리를 쳐놓고 자신이 세상에서 제일인양 착각 속에서 살고 있습니다. 게임을 방해한다고 쉽게 흥분하는 것은 예삿일이고, 급기야는 사람을 죽이는 일까지 벌어지고 있습니다. 언제 어느 때 어떻게 될지 아무도 모르는 세상이 되어버렸습니다.

관세음보살을 칭명하면 우리들의 정신과 마음은 어떻게 변할까요.

정신Mind, 精神이란 생각하고 기억하며 고려, 평가, 결정 등을 하는 복합적인 마음의 능력을 말합니다. 인간을 인간답게 만드는 것이 마음과 정신입니다. 마음과 정신이 인간의 삶을 지배한다고 해도 과언이 아닌 것입니다.

우리들은 특별한 조건과 상황이 갖추어져야 행복할 수 있다고 생각합니다. 하지만 행복한 인생을 선택하고 말고의 열쇠는 결국 마음과 정신에 달려 있습니다. 성공과 실패의 코드를 우리 자신들이 가지고 있다는 것입니다.

성공하는 사람과 실패하는 사람의 차이점은 쉽게 찾아볼 수 있습니다. 실패하는 사람들은 늘 불만에 가득 차 있고 자신의 잘못을 남의 탓으로 돌리기에 익숙하며, 항상 남을 원망하길 좋아합니다. 그런 반면 성공한 사람들은 긍정적인 생각으로 끊임없이 도전하길 주저하지 않습니다. 한순간의 오점도 꾸준히 변화시켜 마침내 성공으로 이끄는 것은 그들에게 남들과는 다른 무엇이 있기 때문입니다.

그것은 정신과 마음을 컨트롤할 수 있는 능력입니다. 성공한 사람들은 대부분 자신의 감정을 잘 다루지만 실패한 사람들에게는 마음을 다룰 수 있는 힘이 부족합니다.

그러나 관음수행을 열심히 하면 우리 몸을 구성하는 60조의 세포를 하나하나 말끔히 닦아낼 수 있습니다. 악하고 탁한 기운과 더러운 때를 거센 폭포수로 말끔히 씻어내어 청정한 새로운 인간으로 재탄생시키는 것입니다. 그리하여 일그러지고 찌그러졌던 정신과 마음의 주름살을 펴 건강하고 행복한 인생을 살아가도록 이끌어주는 수행이 관음수행입니다.

관음수행은 타의 추종을 불허할 정도로 기억력을 회복시킵니다.

학습능력 또한 천재에 버금갈 정도로 뛰어나게 하며, 전광석화처럼 빠르고 정확한 판단능력을 갖게 해 줍니다. 뿐만 아니라 자신도 모르게 이웃을 돌볼 줄 아는 사람으로 바꾸어 줍니다.

관음명상수행은 수행 중의 보배요, 으뜸가는 수행법입니다.

일억 년이 된 감로수를 맞고 물리가 트이다

포교의 꿈을 앉고 포교당을 개원했을 때의 일입니다.

서울 변두리 작은 빌딩에 세를 내어 삼존불을 모시고 인법당에서 천일관음기도를 시작했습니다. 산중에서 조용히 살아가는 것에 익숙했던 제게 포교당 생활은 수행에 전념하며 지내왔던 산중생활과는 너무도 다른 삶이었습니다. 변화한 수행환경에 익숙해지고 또 그것을 온전한 수행하는 삶으로 만들기 위해선 무던한 노력이 필요했습니다.

참선이나 염불기도 수행은 자리를 옮기면 처음부터 시작하는 느낌이 드는지라, 처음에는 힘에 부쳤습니다. 그래도 하던 습관과 그 업이 굳어져서 그런지 큰 어려움 없이 제 페이스를 찾을 수 있었습니다.

'끌려다니는 인생이 아닌 이끌어가는 차원 높은 인생을 살자.'

수행도 열심히 하여 힘을 얻고 나면 바쁜 가운데에서도 자신의 일을 해나갈 수 있습니다. 설법을 준비하고 연습하며, 전문 분야의 기본적인 지식을 익히기 위해 독서도 게을리하지 않았습니다. 다른 나라의 언어도 익히고, 사회의 이슈에도 관심을 놓지 않았습니다.

기도도 빠지지 않고 꾸준히 해나가니 생각과 마음에 맞춰 조금씩 변화가 찾아오는 것이 보였습니다. 저녁기도를 마치고 자리에 누우면 머리에서는 시원하면서도 뜨거운 기운들이 쏴― 하며 흘러나오기 시작하여 한 달간 지속되기도 했습니다. 몸에서도 힘이 넘쳤습니다. 어느 날은 아침공양을 하고 잠시 벽에 기대어 눈을 감고 쉬고 있는데, 고요하고 아무것도 없는 텅 빈 공간에서 사람들의 모습이 저절로 생기며 떠오르는 것이었습니다. 그날의 일은 사람의 의식과 공空을 다시 한 번 이해하는 계기가 되었습니다. 그 외에도 관세음보살님의 소소한 가피는 수없이 많았습니다.

하루는 잠결에 꿈을 꾸는데 허공에서 이런 말이 들려왔습니다.

'일억 년이 된 감로수니라.'

하면서 바가지로 감로수를 떠 머리와 몸에 부어주는데, 꿈속에서도 한결 가볍고 즐거웠습니다.

다음날 아침 경전을 보는데, 글이 눈에 들어오고, 한문의 이치가 보여 어려움 없이 해석이 되는 것이었습니다. 그 뒤로 생각의 표현도 점차 수월해지면서 글을 써 책을 만들고, 변역서도 출간하게 되었습니다. 그전에는 상상치 못했던 일들이 벌어진 것입니다. 이것이 모두 관음염불 덕분입니다.

기도는 업장을 녹여 나를 편안케 합니다.

기도는 원하는 일을 성취케 하며 행복한 인생을 가져옵니다.

기도가 없는 삶, 무의미하게 시간만 보내는 삶은 불자의 삶이라 할 수 없습니다. 나의 노력 없이 남의 성공을 시기하고 성인들의 가르침마저 부정하는 삶은 더욱 더 신앙인의 삶이라 할 수 없습니다.

기도는 사람다운 삶을 사는 지름길입니다.

돌부처님이 대신 칼을 맞다 - 검난劍難

조선 건국초기, 태조 이성계가 명나라 태조인 주원장으로부터 개국開國의 국호를 받기 위해 정승 조반을 사신으로 보냈을 때의 일입니다.

원래 공민왕의 신하였으나 공민왕을 폐위시키고 자신이 옹립한 우왕·창왕·공양왕 등도 곧 폐위시킨 다음 새로운 나라를 세운 이성계는, 나라의 이름을 고조선의 맥을 잇겠다는 의지를 담아 '조선'朝鮮이라 지었습니다. 당시는 나라를 세웠다 해도 명나라 황제로부터 국호를 승인받지 못하면 나라로 인정 받지 못하던 때였습니다. 이성계는 건국 초부터 조선이란 국호를 재가받기 위해 많은 사신을 중국에 보냈습니다.

하지만 이들 사신들은 돌아오지 못하고 모두 죽임을 당했습니다. 이성계가 고려조의 임금을 배반한 역신배장逆臣背將이라는 이유 때문이었습니다. 그러다 보니 사신으로 가겠다고 나서는 신하가 있을 리 없었습니다. 생각다 못한 이성계는 명나라를 수차례 내왕하며 명 태조와 친숙한 관계를 맺고 있었던 정승 조반을 보내기로 했습니다. 조정승은 내심 매우 난처했으나 왕명을 거역할 수는 없었습니다.

평소 관음경과 금강경을 즐겨 독송하던 조정승은 일이 잘 성취되기를 거듭 발원하며 길을 나섰습니다. 개경을 떠난 조정승 일행은 황해도 시흥의 한 주막집에서 죽음이 예정된 여행길의 첫 밤을 보냈습니다. 그런데 비몽사몽간에 가사 장삼을 입은 세 명의 사미승이 조정승 앞에 나타나더니 한 방책을 알려주는 것이었습니다.

"대감 너무 상심하지 마십시오. 그렇게 초조한 마음을 가지고는 대사大事를 이루기 어렵습니다. 마음을 굳게 잡수시고 신표信標를 청하십시오."

"신표라니? 무슨 좋은 방도라도 있는가?"

"예 방도가 있습니다. 이 집 뒤편의 골짜기로 5리쯤 올라가면 큰 절터가 있는데, 그곳에는 한 길이 넘는 세 분의 돌부처님이 풍우를 가리지 못한 채 서 계십니다. 대감이 절을 지어 부처님께 공양하면 반드시 대사를 이룰 수 있을 것입니다."

"어명을 받고 한시라도 빨리 명나라 태조를 만나야 할 내가 언제 절을 지어 부처님을 모신다는 말씀인가?"

"황해도 감사에게 부탁하면 될 것이 아닙니까?"

그러나 조정승은, 명나라에 도착하면 곧 죽을 것이 틀림없는데 절을 짓는다고 하여 무슨 소용이 있을까 생각하면서 다시 잠에 빠져 들었습니다.

그러자 그 사미승이 두 번, 세 번 거듭 나타나며 부처님을 모시라 권하는 것이었습니다. 너무나도 분명하고 역력한 꿈이 거듭되는지라, 잠에서 깨어난 조정승은 정신을 가다듬고 집주인을 불러 물었습니다.

"이곳에서 5리쯤 떨어진 곳에 옛 절터가 있는가?"

"예, 세 분의 돌부처가 반쯤 흙에 묻힌 채 풍상을 겪는 폐사가 있습니다."

조정승은 아침 일찍 절터로 올라갔습니다. 과연 폐허가 된 절터에 세 분의 부처님이 가련하게 서 있었습니다.

이에 조정승은 가람을 짓도록 황해도 감사에게 부탁하고, 부처님께 이 일을 도와 달라고 간절히 발원한 다음 중국으로 떠났습니다.

중국에 도착하여 명나라 황제를 배알한 조정승은 이성계의 뜻을 전하고 국호를 결정해 줄 것을 간청했습니다. 하지만 황제의 분노는 여전했습니다.

"이신벌군以臣伐君한 역적이 국토를 도둑질하고 다시 국호를 정해 허락을 청하다니! 어찌 하늘이 무심할 수 있느냐! 저놈을 참형에 처하라."

조정승은 곧 형장으로 끌려 나갔습니다.

"무슨 할 말이 있는가?"

"물 한 그릇과 배석자리 하나만 갖다 주오."

배석자리가 깔리자 조정승은 단정히 무릎을 꿇고 먼저 국왕이 있는 조선을 향해 절했습니다. 이어 부모님께 절을 하고 마지막으로 황해도 시흥 산중의 세 부처님께 정례했습니다.

"필히 대사를 성사하여 부처님의 가람이 이룩된 것을 친견하고 공양코자 하였으나, 일을 달성하지 못하고 이대로 죽게 되었습니다. 약속을 이행치 못함을 용서해 주십시오."

곧 이어 망나니가 칼을 들고 날뛰더니 조정승을 내리쳤습니다. 그런데 어찌된 일인지 조정승의 목은 베어지지 않고 천룡도가 두 동강이 나는 것이었습니다. 이어서 두 번, 세 번 내리쳐도 마찬가지였으므로, 이상히 여긴 형 집행관이 명 태조에게 이 사실을 알렸습니다.

명 태조는 크게 놀라 조정승을 청하여 말했습니다.

"하늘의 뜻을 알지 못하고 벌을 주어 미안하오. 이제 그대에게 비단 5백 필과 1천 냥을 내리고, 또 국호를 조선이라 재가하노라."

그렇게 대사를 이루고 조선으로 돌아오는 길이었습니다.

황해도 시흥에 이르자, 많은 사람들이 돌부처님이 계시던 폐사지로 올라가고 있었습니다. 조정승의 부탁으로 시작된 중창불사가 끝나 낙성식을 하던 날이었던 것입니다.

조정승도 서둘러 절로 올랐습니다. 하지만 법당 안으로 모신 돌부처님께 참례하려던 조정승은 깜짝 놀라고 말았습니다. 부처님의 목에 칼자국이 나 있고 피가 맺혀 있었던 것입니다. 조정승이 그 연유를 물었습니다.

"저희도 알 수 없는 일입니다. 사흘 전 미시(未時, 오후 3시)에 부처님을 이곳으로 모셨는데, 느닷없이 칼 소리가 나기에 쳐다보니 부처님의 목에 칼자국이 생겨나면서 피가 흘렀습니다."

"다른 부처님도 마찬가지인가?"

"예. 마찬가지입니다. 단지 시간의 차이만 조금 있었을 뿐입니다."

사흘 전의 미시는 조정승이 교수대에서 칼을 받던 바로 그 시간이었습니다.

불교수행은 깨달음이 목적이지만 그 목적에 도달할 때까지의 과정이 중요합니다. 그 과정이라는 것은 몸과 마음에 익힐 때까지 게으르지 말고 꾸준히 노력하는 것입니다. 관세음보살을 부를 때면 관세음보살이 저절로 나올 때까지 불러야 합니다. 염불을 하는 일이 즐거워지고 고마워질 때 결과도 좋고 깨달음도 찾아오는 것입니다. 그래서 처음 기도를 하시는 분들에게 꼭 당부하는 말이 '기도시간에 빠지지 말고 열심히 하라' 는 것입니다.

그렇게 열심히 하여 시간이 흘러가면 내면의 변화가 찾아옵니다. 자신에게 찾아온 변화를 받아들여야 향상向上의 길로 나아갈 수 있습니다. 자비스러워진다든지, 게으름이 없어진다든지, 무엇이든지 열심히 하려고 하는 도전정신이 깨어난다든지, 세상을 좋게 이끌어나가려는 마음이 일어난다든지 할 때 희망과 창조적 인생을 살게 되는 것입니다. 산 정상에 서면 멀고 가까운 주위의 것들이 다 보이듯이, 이렇게 내면의 변화가 일어날 때 처해 있는 곳마다 주인이 될 수 있습니다.

만약 삼천대천국토에 가득한 야차와 나찰들이 와서 사람을 괴롭히려고 하여도, 관세음보살의 명호를 부르는 소리를 듣게 되면 모든 악귀들이 오히려 악한 눈으로 볼 수가 없거늘, 어찌 해를 입힐 수가 있겠느냐.

若三千大千國土 滿中夜叉 羅刹 欲來惱人 聞其稱觀世音菩薩名者
약삼천대천국토 만중야차 나찰 욕래뇌인 문기칭관세음보살명자

是諸惡鬼 尙不能以惡眼視之 況復加害
시제악귀 상불능이악안시지 황부가해

다음은 다섯 번째 귀신의 난입니다.

관음경에는 야차나 귀신의 괴롭힘에 대한 내용이 자주 나옵니다. 쉽게 말하면 정신적으로 다른 영가로부터 괴롭힘을 당하는 것을 말합니다.

야차는 불교의 팔부중八部衆에 속하지만, 사람을 상해하여 먹는 악귀인 식귀신食鬼神이며, 포악한 귀신으로 통용됩니다. 그러나 악인만 먹을 뿐 선인은 해치지 않는다고 합니다. 그런 흉악한 악귀들도 관세음보살의 명호를 들으면 오히려 그들이 우리들을 무서워한답니다.

불교가 가르치는 이상적인 삶은 무엇일까요?

세상을 벗어난 산중에서 유유자적하는 신선 같은 삶, 귀족적이고 부유한 삶에 있을까요. 아닙니다.

불교를 상징할 때나 불교사상을 표현할 때, 우리는 향기가 뛰어나고 아름다우면서도 깨끗한 꽃인 연꽃을 떠올립니다. 연꽃은, 마치 고난과 고통을 받는 보통 사람들의 삶속에서 보다 진실 되고 아름다운 삶이 피어나듯이, 진흙탕이라는 척박한 환경에서 처염상정處染常淨의 - 더러운 곳에 있으면서 더러움에 물들지 않고 항상 깨끗하고 아름다운 꽃을 피웁니다. 연꽃이 모든 사람들의 마음을 감싸주고 담을 수 있는 것도 그 때문일 것입니다. 연꽃으로 상징되는 이러한 불교사상은 불교가 추구하는 이상적인 삶의 지향점을 잘 보여쭙니다.

불교는 인연을 중요시 합니다.

모든 것은 홀로 생겨날 수 없고, 신神에 의해 창조되지도 않습니다.

불교는 '이것이 있으므로 저것이 있고, 저것이 없으면 이것도 없다' 는 인연법因緣法을 근간으로 합니다. 인과법因果法과 함께 불교사상의 기초를 이루는 인연법에는 심오한 뜻이 담겨 있습니다.

우리가 불교를 믿고 신행생활을 하는 것은 결코 우연한 일이 아닙니다. 불교를 알고 싶고, 기도나 참선 등의 수행에 관심을 갖는 것도 과거생에 마음 밭에 심어 놓은 씨가 있기에 가능한 것입니다. 이 관음경을 보고 계신 분들도 과거의 어느 생엔가 관세음보살과의 인연을 만들어 놓았기 때문에 이 경전을 보고 계신 것입니다.

그렇다고 관세음보살이 인연 있는 중생만 구제한다고 생각하면 안됩니다. 관세음보살의 대원력은 인연이 없는 중생까지 그 모두를 구제합니다. 이것을 '무연자비' 無緣慈悲라고 합니다.

자비慈悲은 '반야' (般若, 지혜)와 함께 불교의 핵심사상입니다.

'자' 慈는 사랑의 마음으로 중생들에게 조건 없는 기쁨을 주는 것을 말하며, '비' 悲는 불쌍하고 측은히 여기는 마음으로 중생의 괴로움을 덜어주고 없애주고자 하는 마음입니다. 자비는 자비심을 일으키는 단계에 따라 세 가지 인연의 자비로 구분하기도 하는데, 번뇌가 남아있는 사람의 입장에 서서 중생을 대상으로 일으키는 중생연자비衆生緣慈悲, 보살의 자비인 법연자비法緣慈悲, 아무 조건이 없이 베푸는 무연자비無緣慈悲가 그것입니다.

이중 최상의 자비인 무연자비는 절대평등과 진여실상(부처님의 참된 모습)의 이치를 깨달아 일체를 평등하게 바라보고 구제하는 것으로, 부처님과 큰 보살님이 행하는 대자대비大慈大悲을 말합니다.

또한 어떤 사람이 죄가 있거나 죄가 없거나 쇠고랑을 차거나 목에 칼이 잠겨있고 그 몸이 묶여있을 때에 관세음보살의 명호를 부른다면 모두 끊어지고 부서져서 곧 해탈을 얻게 되느니라.

設復有人 若有罪 若無罪 枷械枷鎖 檢繫其身 稱觀世音菩薩名者
설부유인 약유죄 약무죄 추계가쇄 검계기신 칭관세음보살명자

皆悉斷壞 即得解脫
개실단괴 즉득해탈

신앙의 힘은 과학으로 풀리지 않는 것이 무척 많습니다. 화성을 탐사하고 132억 광년이나 떨어진 은하계를 발견하는 우주시대라 해도 불가사의한 신앙의 힘을 다 밝힐 수는 없습니다.

관세음보살은 착한 사람과 나쁜 사람을 구분하지 않고, 내 종교와 남의 종교를 묻지도 따지지도 않는 참된 사랑의 보살핌을 주시는 분입니다. 이것이 대자대비입니다. 관세음보살을 믿어야 하는 까닭이 여기에 있습니다.

믿음은 관세음보살의 위신력을 입는 첫째 조건입니다.

화엄경에는 '신위공덕모'信爲功德母라는 말씀이 있습니다. 믿음이 도의 근원이며, 공덕의 어머니라는 것입니다. 그렇습니다. 일단은 믿어야 합니다. 믿어도 굳건히 믿고 나아가야 합니다. 믿음에서 모든 것이 나오고, 믿음으로 모든 것을 포섭할 수 있습니다. 관세음보살님의 위신력이 아무리 뛰어나다 한들 믿지 않는다면, 헛되이 남의 재물을 세어보는 거와 같아서 자신한테는 전혀 이익이 돌아오지 않습니다.

믿어 보십시오. 무조건 믿어 보십시오. 절대로 헛되지 않을 것입니다.

그리고 나서 마음을 다해 칭명하는 것.

이것이 관세음보살의 위신력을 입는 두 번째 조건입니다.

용맹정진으로 수기를 받다

아직은 젊음의 패기가 남아있던 순수한 사미승이었던 때의 일입니다. 보리암에서의 정진만으로는 마음에 차지 않았던 나는 바랑을 짊어지고 청송 주왕산 주왕암으로 들어갔습니다. 사숙님이 계시던 주왕암은 도량의 기운이 센 나한도량으로 알려져 있었는데, 그곳에서 정진을 지속하기로 마음먹었던 것입니다.

추운 겨울이었습니다. 주왕암에 도착한 나는 백팔배로 마음을 다지고 손가락에 피를 내어 그릇에 받아 원력을 썼습니다. 관음진신을 친견하고, 마음을 일깨워 줄 관세음보살님의 법문을 듣겠다는 원력이었습니다. 관음기도의 끝장을 보리라 다짐했던 나는 묵언정진과 오후불식을 하기로 결심했습니다.

그렇게 모든 준비를 마친 기도 입재 전날이었습니다. 사뭇 느낌이 다른 젊은 아가씨 한 명이 찾아와 하룻밤을 묵고 가겠노라며 방을 내달라고 하는 것이었습니다. 종무소 보살은 의아해 하면서도 기도객용 방사를 하나 내어주었습니다.

새벽 예불시간에 기도 입재를 한 내가 아침공양을 마친 뒤였습니다. 마당에 서 있는데, 어제의 그 아가씨가 나를 보더니 야릇한 웃음을 지어 보내는 것이었습니다. 참 이상한 여자도 다 있다 싶었지만 그 일은 오래지 않아 잊혀 졌습니다. 하지만 그 아가씨의 미소가 관세음보살님의 미소였음을 아는 데에는 그리 오랜 시간이 필요치 않았습니다. 수행처까지 찾아와 위로를 해준 보살님의 배려는 곧 '보리심을 일으켜라'는 꿈속의 수기(몽중수기)로 이어졌으니 말입니다.

산속 겨울 법당의 추위는 상상 이상이었습니다. 손발이 얼어붙는 듯했지만 그런 가운데도 졸음을 쫓으면서 밤낮을 가리지 않고 처절하게 칭명을 했습니다. 관세음보살의 명호를 눈으로라도 보려고, 노트에 빼곡하게 명호를 적어놓기도 하였습니다. 먹는 것을 극도로 가리다보니 몸도 허약해져

지게를 지면 꼬꾸라질 정도였습니다. 묵언기도 탓도 있었지만 주변의 말에 신경 쓸 기력조차 없다보니, 공양주보살이 서운한 감정을 갖기도 했습니다. 오로지 관세음보살님만을 존경하며 마음 깊숙이 사모하며, 그렇게 정진에 정진을 거듭했습니다.

마침내 회향을 앞둔 바로 전날이었습니다.

꿈을 꾸게 되었는데, 깨끗한 물이 흐르는 강가에서 어부가 그물을 던지고 있었습니다. 나는 고요한 마음으로 유유히 흐르는 강물을 무심히 쳐다보고 있었습니다. 그때 야트막한 야산에서 한 남자가 내려와 내 얼굴을 보더니, 대뜸 말했습니다.

"발보리發菩提!"

'보리심을 일으켜라'는 수기를 받은 것입니다.

된장과 똥은 먹지 않아도 구별이 됩니다.

수행도 그렇습니다. 마음 닦는 것이 좋은 것은 누구나 알고 있습니다. 수행자와 범부의 인생은 쉽게 구분이 됩니다. 그러나 그 오묘한 맛은 직접 먹어보고, 직접 체험해봐야 알 수 있는 것입니다. 열심히 하십시오. 관세음보살님은 항상 당신과 함께 할 것입니다.

관세음보살의 위신력을 입는 세 번째 조건은 다른 사람에게도 관음염불을 권하는 것입니다.

덕은 나누는 데서 두터워집니다. 나 혼자만 잘되려는 옹졸한 생각은 자신의 인생은 물론 세상도 메마르게 만들어 버립니다.

달의 청정한 빛이 가득 채워진 세상.

관음염불을 통해 온몸과 마음을 광명으로 채울 수만 있다면 우리는 수월관음처럼 아름다운 삶을 살아갈 수 있습니다. 나 혼자가 아니라 우리들의 이웃과 함께 할 때 청정한 달빛 가득 채워진 세상을 만들 수 있습니다. 모든 사람들이 관세음보살을 부를 때, 행복하고 평화로운 아름다운 세상이 펼쳐질 것입니다.

기적을 부르는 관세음보살

38선 북쪽 땅이 공산주의 체제로 굳어지던 1946년 겨울이었습니다.

해방의 기쁨과 흥분이 채 가시기 전에 소련군이 진주하고 그들이 앞세운 공산주의자들의 횡포가 극심해지자 점차 38선을 넘어 월남하는 주민들이 늘어나고 있었습니다. 강원도 회양에 살고 있던 최기일 씨도 월남을 결심했는데, 이때는 이미 개미 한 마리 얼씬할 수 없을 만큼 38선의 경계가 삼엄할 때였습니다.

한밤중에 출발한 최기일 씨는 안내자의 도움을 받아 한탄강까지는 무사하게 도착할 수 있었습니다. 하지만 강을 건너는 것이 문제였습니다. 작은 배 한 척이 있긴 했지만 그 배로는 도강을 기다리는 많은 사람들을 실어 나르기가 가당치 않았던 것입니다. 하지만 다른 방법이 있는 것도 아니어서 비싼 뱃삯을 선불하고 차례를 기다리는 수밖에 없었습니다.

강가에 숨어 며칠을 기약 없이 보낸 끝에 마침내 다음날 새벽 3시에 강을 건너기로 약속이 되었습니다. 그런데 막상 강을 건너는 시간이 결정되자 최기일 씨는 더디게 가는 시간만큼 밀려드는 불안과 초조함에 견딜 수가 없었습니다.

최기일 씨는 본시 관세음보살을 독실하게 신앙해온 사람이었습니다. 남하하는 길에서도 끊임없이 관세음보살을 부르면서 불안한 마음을 다스리곤 했던 그는 정신을 가다듬고 정좌한 후 관세음보살을 부르기 시작했습니다.

그 사이 잠깐 졸았을까, 평소 모셔온 관음상과 똑같은 모습의 부인이 나타나더니 이렇게 말했습니다.

"뱃사공은 결코 믿을 만한 사람이 아니다. 더 이상 지체하지 말고 철로를 따라 남하하여라."

잠에서 깨어난 최기일 씨의 마음은 복잡했습니다. 꿈에서 나타난 부인이 정말 관세음보살일까, 그분이 일러준 말이 과연 가피일까 하는 의구심이 들었던 것입니다. 하지만 곧 관세음보살께서 경고하신 것이라는 생각에 미치자 두려운 생각이 들었습니다.

"내 운명이 이 시각에 달려있지 않은가. 죽을 각오를 해야 한다."

최기일 씨는 한탄강을 가로지른 철로 위로 올라섰습니다.

다리를 건너기로 결심한 것입니다. 때마침 철저하게 경계를 섰던 북쪽 초소는 불안하게도 인적이 없었습니다. 한탄강의 고요한 물소리만 들릴 뿐 바람조차 없었습니다. 최기일 씨는 자신을 이끄는 관세음보살의 힘만을 의지하며 한발 한발 내디뎠습니다.

"관세음보살의 미묘한 지혜의 힘이 세간의 모든 고액을 구제해 주신다."

그의 머릿속엔 오로지 관음경의 저 구절만이 스칠 뿐이었습니다.

최기일 씨는 그렇게 아무 일 없이 한탄강 철교를 건너 자유의 땅을 밟았습니다.

정성껏 관세음보살을 부르면 상상할 수 없는 묘한 상황이 펼쳐질 때가 있습니다. 인간세상뿐만 아니라 자연과 우주를 바꾸어 놓는 힘이 관세음보살의 일심칭명에서 이루어집니다. 이것이 부처님의 살아 숨 쉬는 마음입니다. 우주의 빛과 물질을 흡수하고도 자체에서는 빛도 내보내지 않는 블랙홀의 미묘한 법과 무엇이 다르겠습니까.

관세음보살의 위신력.

그것은 특별한 사람의 전유물이 아닙니다.

오직 관세음보살을 믿고, 열심히 칭명하는 자의 것입니다.

만약 삼천대천국토에 원수와 도둑들이 가득한데 한 상인의 우두머리가 여러 상인들을 데리고서 값진 보배를 지니고 험한 길을 지나갈 때, 그중 한 사람이 소리를 내어 말하기를, "모든 선남자들이여, 두려워하지 마시오. 그대들은 마땅히 일심으로 관세음보살의 명호를 불러보십시오. 이 보살은 두려움을 없애주는 것으로서 모든 중생들에게 베풀어주십니다. 그대들이 만약 명호를 부른다면 원한이 있는 도둑들에게 벗어날 수 있을 것이오."

若三千大千國土 滿中怨賊 有一商主 將諸商人 齎持重寶 經過嶮路
약삼천대천국토 만중원적 유일상주 장제상인 재지중보 경과험로

其中一人作是唱言 諸善男子 勿得恐怖 汝等應當
기중일인작시창언 제선남자 물득공포 여등응당

一心稱觀世音菩薩名號 是菩薩 能以無畏施於衆生 汝等若稱名者
일심칭관세음보살명호 시보살 능이무외시어중생 여등약칭명자

於此怨賊 當得解脫
어차원적 당득해탈

이번에는 7난 중 원적怨賊의 난으로부터 벗어나는 방법입니다.

원적은 원수와 도적들의 난입니다. 원수는 외나무다리에서 만난다고 하듯이 이러한 사람들과의 만남은 참으로 무섭고, 난감하며, 난처한 법입니다. 그래도 정신을 가다듬어 오로지 관세음보살을 부르면 그 두려움에서

벗어납니다.

그래서 관세음보살은 두려움을 없애주는 분이십니다.

세상살이는 힘들고, 억울하며, 외롭고, 우울할 때가 많습니다. 현대에는 스트레스와 우울증이 모든 병을 만든다고 합니다. 그럴 때 한 번 관세음보살을 힘차게 불러보십시오.

관세음보살님은 당신을 꼬-옥 안아주실 것입니다.

모든 상인들이 이 말을 듣고 다 함께 소리 내어서 '나무관세음보살'의 명호를 불렀다. 그 명호를 불렀기 때문에 그들은 곧 해탈을 얻게 되느니라.

衆商人聞 俱發聲言 南無觀世音菩薩 稱其名故 卽得解脫
중상인문 구발성언 나무관세음보살 칭기명고 즉득해탈

염불念佛은 소리를 내서 해야 옳은가? 생각으로 하는 것이 옳은가?

염불을 해보신 분들이야 잘 아시겠지만 염불수행을 처음 하시는 분들을 위해 노파심으로 몇 마디 할까 합니다. 염불은 글자 그대로 부처님을 생각하는 것을 말합니다. 그러나 처음 염불수행을 하다 보면 마음먹은 대로 부처님의 명호가 계속 붙어있지 않습니다. 붙어있기는커녕 몇 생각 지나자마자 번뇌 망상이 치성하고 맙니다.

그때에는 입으로 소리를 내서 불러보십시오. 그러면 염불이 순순히 이어져갑니다. 그렇게 입과 생각으로 반복하다 보면 염불이 내 안에서 자리 잡게 되고, 이렇게 오래 오래 참구하다 보면 마음에서 염불이 나오게 되는데, 그것이 '참된 염불' 입니다.

염불수행은 소리와 생각이 서로 병행할 때 좋은 결과를 가져옵니다.

염불을 하거나 기도를 열심히 하는 사람은 대중들의 귀여움을 받고 사랑을 받습니다. 얼굴도 아름답게 변하고 마음 씀도 하심이 되어 있어 온화하고 화목한 분위기가 있는 사람이 되어갑니다. 실제로 오랜 세월동안 기도와 염불을 한 분들은 일반인들에 비해 풍겨 나오는 기운과 안색이 다릅니다. 성품이 계발되기에 몸에서 빛이 흘러나오고, 몸 안 곳곳에 막혀 있는 물과 불기운을 돌림으로써 보다 청정한 피부를 만들기 때문입니다. 뿐만 아니라 선신들이 보호하기에 큰 어려움에서도 쉽게 벗어나고, 원하는 일들을 순조롭게 이룰 수 있습니다.

염불수행의 공덕은 이렇듯 현실에서 바로 확인할 수 있습니다.

영천 은해사에서 기도할 때도 그랬습니다.

100일 관음기도를 마치고 나니 갑자기 대중들이 모여들기 시작했습니다. 스님들이 한 분 두 분 찾아와 대중으로 사시더니, 행자님 한 명도 없던 절이 무려 다섯 명씩이나 북적되는 절이 되었습니다. 어렵던 살림살이도 풍성해졌습니다.

하지만 그 무엇보다 좋았던 것은 대중들의 기도소리와 목탁소리가 끊이지 않는 것이었습니다. 대중 모두가 신심을 내어 화합을 이룬 도량, 그러하니 주지스님인들 안 좋아하실 리가 없었습니다.

소문이 돌았는지 이 절 저 절에서 와달라는 요청도 많았습니다. 소위 스카우트 제의였습니다. A절에서 기도를 하고 있으면 B절의 주지 스님이 '우리 절에서 기도해 달라' 하니 난감하기가 그지없었습니다.

참으로 인기 좋았던 시절이었습니다.

처음 기도를 하거나 염불수행을 하시는 분들은 걱정하거나 두려워하지 마십시오. 항상 바른 법을 생각하고 실천하는 사람은 불보살님들이 그 마음을 다 아시고 바라보고 계십니다. 어려운 환경에 처해도 선신의 도움으로 벗어나기도 하며, 옥죄던 마음도 풀려서 편안함 속에서 삶을 살아갈 수 있는 것입니다.

명심하십시오.

염불하는 사람은 항상 선신이 옹호하고 있다는 것을.

무진이여, 관세음보살마하살의 '위신력'은 이와 같이 매우 높고 크니라.

無盡意 觀世音菩薩摩訶薩 威神之力巍巍如是
무진의 관세음보살마하살 위신지력외외여시

대승불교에서는 보리심을 발한 중생을 모두 보살이라 부릅니다.

보살은 크게 두 가지로 나눌 수 있는데 성불이 결정된 대大보살과 성불이 결정되지 않는 우리와 같은 범부凡夫보살이 그것입니다.

마하살은 바로 이 대보살들을 일컫는 호칭으로, '위대한 사람' 또는 '대사' 大士라는 뜻을 갖고 있습니다.

• 마음을 돌이켜 스스로를 살펴라 •

만약 어떤 중생이 음욕이 많더라도 항상 관세음보살을 생각하고 공경하면 문득 음욕이 떠나가고

若有衆生多於婬欲 常念恭敬觀世音菩薩 便得離欲
약유중생다어음욕 상념공경관세음보살 변득이욕

이번 단락은 삼독심三毒心에 대한 내용입니다. 삼독심은 중생의 모든 번뇌를 크게 탐심貪心·진심瞋心·치심癡心의 세 가지로 나눈 것입니다.

탐심 중에서도 가장 욕심이 강하며 더럽고 무서운 것이 음욕입니다. 음욕은 한 번 빠지면 헤어 나오기 힘들어 수행자를 망쳐 버리게 합니다. 그렇게 무서운 음욕도 관세음보살을 항상 생각하고 지성으로 받들면 문득 치성하던 음심이 사라져버리고, 그 음욕심이 중생을 위한 자비의 마음으로 바뀐다는 것입니다.

관음행자觀音行者는 때때로 회광반조廻光返照를 해야 합니다.

회광반조란 마음을 돌이켜서 자신을 바로 보는 것을 말합니다. 관음염불을 열심히 한 수행자라면 자신에게로 마음을 돌이켜 음욕심과 성내는 마음, 어리석음의 마음이 일어나고 사라지는 것을 볼 수 있으며, 그 욕심이

두터운지 얇은지도 잘 알 수 있습니다. 회광반조하여 자신의 마음상태를 볼 수 있다면 아무리 끈질긴 삼독심도, 지독한 욕심도 어느 순간 사라질 것입니다. 그리고 자신의 참 모습이 뚜렷이 드러날 것입니다. 이것을 '자성관음' 自性觀音 또는 '자기관음' 自己觀音이라고 합니다.

관음경은 겉으로는 비록 관세음보살의 위신력을 생각하고 칭명하여 부르는 타력수행他力修行을 말하고 있지만, 사실은 자기 안의 성품인 관세음보살을 발현하고 자신을 관세음보살화하는 자력수행自力修行을 강조하는 경전입니다.

왜 그럴까요. 관세음보살을 일심으로 칭명함으로써 자성自性을 보며, 자성관음을 바로 봄으로써 스스로가 관세음보살이 되고, 그렇게 하여 자기 안의 관음이 발현할 때 우주법계의 관음과 연결되어 놀라운 기적들이 펼쳐지기 때문입니다.

'문득' 은 경전에서 자주 나오는 어구입니다. 생각이나 형상이 갑자기 바뀌여 이루어진다는 의미인데, 항상 관세음보살을 생각하면 어느 순간 갑자기 음욕심이 떠난다는 것이지요.

만약 성냄의 마음이 많더라도 항상 관세음보살을 생각하고 공경하면 문득 성내는 마음이 떠나가고

若多瞋恚 常念恭敬觀世音菩薩 便得離瞋
약 다 진 에 상 념 공 경 관 세 음 보 살 변 득 이 진

성냄은 화를 내는 것입니다. 화는 자신도 모르게 불쑥 불쑥 튀어나오기 때문에 화를 많이 내는 사람은 여간 신경 쓰이는 게 아닙니다. 화는 내 몸의 세포를 죽여 몸을 상하게 합니다. 뿐만 아니라 화를 내는 만큼 쌓아놓았던 공덕을 깎아먹으니 이래저래 손해가 막심합니다.

그러나 항상 관세음보살을 생각하고 공경하며 자주 회광반조하면 문득 화는 사라지고 대신 용맹심으로 가득 차게 됩니다.

보살행은 대표하는 화엄경 「보현행원품」은 진심瞋心의 장애를 설하면서, 보살이 다른 보살에 대하여 한 번이라도 성냄의 마음을 일으키면 보리를 보지 못하고 정법을 듣지 못하는 등 백만 가지의 장애를 이룬다고 말하고 있습니다.

성냄이 가져오는 폐해가 그만큼 크다는 가르침일 것입니다.

화를 다스리는 법

화는 자신의 생각에 들어맞지 않는 현실로 인해 마음에 불만족이 가득한 상태에서 일어납니다. 칭찬을 해줄 줄 알았는데 꾸지람을 듣는다거나, 상대방이 나의 기대를 저버릴 때, 특히 인생의 실패를 맛본 사람들일수록 짜증과 분노가 더 빠르고 강하게 일어납니다. 이와 같이 화를 잘 내는 사람들은 대부분 아상我相이 강한 사람들입니다.

화는 형상이 없기에 다스리기도 쉽지가 않습니다. 그만큼 화는 사람들을 무척이나 힘들게 합니다. 화는 몸 안의 많은 세포들을 죽이며, 입으로는 시커먼 기운을 내뿜게 합니다. 몸이 약한 사람에겐 심한 몸살을 앓게도 합니다. 화를 내려놓지 못하고 마음속에 지니는 사람은 평생을 화병으로 시름시름 앓다가 죽어가기도 합니다.

'화는 모든 공덕과 복덕을 태우는 불'이라는 부처님의 말씀을 빌리지 않아도 화가 가져오는 허물은 이루 말할 수 없습니다.

그렇다면 화는 어떻게 다스릴까?

첫째는 화를 감지해야 합니다. 화는 자신도 모르는 순간 뛰어나옵니다. 그것을 사전에 감지하는 것은 쉬운 일이 아니지만 먼저 감지하지 않는 한 화를 다스릴 수는 없는 일입니다. 그래서 자신의 눈을 어디에 둘 것인가가 중요합니다. 바깥 대상에 눈을 두면, 내면이 부드럽지 않아 화를 이겨내기가 힘듭니다. 그러나 바라보는 눈을 안으로 가져다두면 미세한 화도 감지할 수 있는데, 그때에는 화를 놓거나 돌이키는 방법을 쓸 수가 있습니다. 어쩔 수 없이 화가 일어났다 해도 거두어들일 수가 있는 것입니다.

둘째는 마음수행입니다. 화를 감지하고, 다스리며, 화를 거두어들이는 힘은 마음수행에서 나옵니다. 마음수행이란 결국 내면을 강하고 부드럽게 만드는 것입니다. 그 방법으로는 참선·염불·간경·기도·절 등 어떠한 수행도 좋습니다. 중요한 것은 한 가지 방법만 선택해서 정진해야 한다는 것입니다. 열심히 수행해서 힘을 얻으면 마음대로 화를 다스릴 수 있는 요

령이 생겨납니다.

마음수행 중에서 가장 권장하고 싶은 방법은 관음염불입니다.

'화내는 마음이 많더라도 항상 관세음보살을 생각하고 공경하면 화내는 마음이 떠나간다.'

관음경의 말씀 그대로 관음염불은 화를 내려고 하던 마음조차 용맹심으로 변화시켜 역동적인 삶으로 이끌어가는 힘이 있습니다. 관세음보살을 생각하면 자신의 화를 감지하게 되고, 그것을 돌이키거나 내려놓으면 화는 저절로 사라집니다.

그러나 오랜 세월동안 억눌렸던 화, 우울증으로 인하여 찾아오는 화는 감지되더라도 다스리기 어렵습니다. 오랜 세월 억눌렸던 화는 그만큼 다스림을 뛰어넘는 막강한 힘을 가지고 있습니다. 더구나 우울증에서 오는 화는 내면의 강한 이기심이 작용해서 자신도 모르는 사이에 일어나는 병적인 화입니다. 이쯤 되면 다른 방법을 찾을 겨를이 없습니다.

오직 관세음보살을 칭명하고 생각 생각에 끊임이 없게 하여 자기관음을 발현시켜야 합니다. 그럴 때 메마르고 시뻘건 화를 내려는 순간, 방광하는 나, 자비보살로 변해있는 나를 볼 수 있을 것입니다.

자기관음이란 자기 스스로 관세음보살이 되는 것입니다.

한 번의 화로 공부를 망친 홍도스님

홍도스님은 금강산 돈도암頓道庵에서 수십 년 동안 독경과 염불, 참선을 닦아 부처의 경계에 이른 분이었습니다. 그런데 갑자기 병이 들어 오랫동안 병석에 눕게 되었습니다. 어느 날인가 속이 답답하여 밖으로 나와 소나무 아래에서 좌선을 하고 있는데, 하필이면 그때 바람에 솔방울이 떨어지며 얼굴을 때렸습니다.

홍도스님은 자신도 모르게 울컥하여 삼보와 팔부신장을 비방했습니다.

"삼세제불도 소용이 없고 팔부신장도 믿을 것이 없구나. 나같이 부지런히 수행하는 사람을 병들게 하는 것도 틀린 일이지만, 바람까지 불며 이렇게 괴롭히니 이래 가지고서야 무슨 영험이 있다는 것인가."

그랬더니 꿈에 토지신이 나타나 꾸짖어 말했습니다.

"네가 중노릇을 하며 공부를 했어도 헛공부를 하였구나. 불자는 자비로써 집을 삼고 부드럽게 참는 것으로써 옷을 삼으라고 했는데 병을 좀 앓고 솔방울에 맞았다고 해서 성내는 마음을 일으키다니, 그래서야 어디 공부를 했다고 할 것이냐? 네가 병이 난 것은 과거의 업보요, 바람이 분 것은 도량신이 네 마음을 시험해 보려고 한 것이거늘, 그런 것을 견디지 못하고 화를 내고 신경질을 부려서 팔부신장과 도량신을 화나게 했으니, 그것이 어찌 수행자의 올바른 태도란 말이냐?"

하고는 구렁이 껍데기를 씌우는 것이었습니다.

꿈을 깨고 보니 정신은 말짱한데 몸은 이미 구렁이가 되어 있었습니다. 그러던 중 수행승 한 분이 돈도암에 왔다가 절 마당을 배회하는 서까래 같은 구렁이를 보았습니다. 구렁이를 보던 객스님이 깜짝 놀라 말했습니다.

"네가 이 절에서 시주 은혜를 많이 졌건만 공부는 안 하고 사중재물을 함부로 사용했기 때문에 이와 같은 뱀의 업보를 받았구나. 만약 삼세의 일체제불을 알고자 할진대 마땅히 법계의 성품을 관할지니라. 일체가 오직 마음으로 지은 것임을 알아라."

인과를 벗어나라고 화엄경의 요체를 일러주었던 것입니다.

그랬더니 구렁이가 아궁이에 꼬리를 넣어 재를 묻히더니 부엌 바닥에 글을 쓰기 시작했습니다.

다행히 불법을 만나 사람의 몸을 받고
다겁을 수행하여 성불에 가까이 왔으나
솔바람에 솔방울을 병석에서 맞고
한 번 진심을 일으켜 뱀의 몸을 받았으니
차라리 내 몸을 부수어 가루가 될지언정
평생 동안 한 번도 성내지 않기를 서원하노라.
내가 옛날에 비구로 이 암자에 살았으나
지금은 뱀의 몸을 받아 한이 무궁하도다.

가령 단정하고 엄숙한 인간의 모습을 갖추었더라도
진심을 끊지 못하면 이처럼 뱀의 몸을 받으리니
원컨대 스님은 염부제를 향하여
나의 이 모습을 후학들에게 경계하여 말해 주소서.
천당과 불찰과 지옥이
오직 사람 마음으로 지은 것이 인이 되고
한 번 사람의 몸을 잃으면 다시 얻기 어려우니
진심을 영원히 끊고 보리에 이르소서.
뛰어나고 묘한 뜻을 머금고 있어도 말을 할 수 없어
꼬리로 글을 써서 간곡한 뜻을 토하나니
그대는 이 글을 써서 벽에 붙여두고
진심이 일어나고자 하면 얼굴 들어 보소서.

幸逢佛法受人身 행봉불법수인신
松風吹打病席中 송풍취타병석중
寧我破身作微塵 영아파신작미진
我昔比丘住此庵 아석비구주차암
假使端嚴具人相 가사단엄구인상
願師脚向閻浮提 원사각향염부제
天堂佛刹與地獄 천당불찰여지옥

多劫修行近成佛 다겁수행근성불
一起嗔心受蛇身 일기진심수사신
誓不平生一起嗔 서불평생일기진
今受此形恨無窮 금수차형한무궁
嗔心不斷受此身 진심부단수차신
說我形容誡後人 설아형용계후인
唯由人心所作因 유유인심소작인

一失人身難可得 일실인신난가득   嗔心永斷至菩提 진심영단지보리
含勝妙不能言語 함승묘불능언어   以尾成書吐靈情 이미성서토영정
勸君此書題點壁 권군차서제점벽   欲起嗔心擧顔看 욕기진심거안간

— 弘度比丘 自誡詩 (홍도비구가 스스로 경계하는 시) —

글을 본 객스님은 깜짝 놀라 구렁이한테 절을 하며 예를 갖추었습니다.
"스님이 금강산에서 이름이 높던 홍도스님이셨군요. 스님은 뱀의 과보를 받았다 하지만 이것은 업보가 아니라, 보살의 만행이십니다. 업보라면 어찌 글을 써 후학을 경계하오리까. 참으로 좋은 법문을 들었습니다."

그 뒤로는 구렁이도 다시 나타나지 않았다 합니다.

만약 어리석은 마음이 많더라도 항상 관세음보살을 생각하고 공경하면 문득 어리석은 마음이 떠나가게 되느니라.

若多愚癡 常念恭敬觀世音菩薩 便得離癡
약다우치 상념공경관세음보살 변득이치

어리석음이 많은 마음은 무명無明입니다. 우리 중생들을 어리석다 하는 것도 바로 이 무명에 덮여있기 때문입니다. 관음염불은 이 어리석음도 치유하여 지혜로 증장시킵니다.

대만의 대표적인 사원은 1967년 개산開山한 불광산사佛光山寺입니다. 개창한 지 불과 40여년 만에 신도 수 100만 명을 넘긴 불광산사는 세계 각지에 200여 개 분원과 170여 개의 국제불광협회지부를 둔 현대 포교의 최상의 모범사례입니다. 이 불광산사를 개창하고 이끌어 오신 분이 현재 조실로 계신 성운스님입니다.

성운스님은 염불을 하면 지혜가 증장된다고 주장하시는 대표적인 염불수행자이기도 한데, 스님의 염불수행 증험담은 우리들에게 많은 울림을 줍니다.

"지금까지도 차를 타든 길을 걷든지 나는 부처님의 명호를 염송하는 습관을 갖고 있다. 길옆의 한 떼기, 한 떼기의 논밭과 한 그루, 한 그루의 나무 모두가 나의 방편 염주가 되어 주곤 한다. 정념正念에서부터 마침내 무념無念이 되기까지 염불하고, 헛된 마음에서부터 일심이 되기까지 염불한다. 무념無念으로 염불하다보면 염불한다는 생각조차 없어지는 것이다. 사람이 있고 내가 있다가, 사람도 없고 나도 없어진다. 심지어는 시간, 공간, 천지만물 모두가 다 공空해져 마치 아미타 부처님께서 내 몸에 살아나신 것 같다. 극락세계가 마치 이 순간인 것 같다."

언제부턴가 우리 사회는 중독中毒이라는 단어에 중독될 지경에 이르렀습니다. 술과 도박, 섹스, 인터넷 게임과 각종 환각제. 자신이 즐겨하는 일이 나쁘다는 것을 채 인식하기도 전에 점점 어리석음의 구덩이에 빠져 헤어 나오지를 못합니다. 끝내는 폐인이 되고 죽음에 이르기까지 합니다. 알코올 남용자 400만 명, 도박 중독자 200만 명이라는 수치조차 더 이상 낯설지가 않습니다.

이러한 중독을 치료하기 위해선 의료적 처방도 필요하지만 무엇보다도 마음의 변화가 중요합니다. 마음을 치료하는 가장 간편하고 성과가 좋은 방법이 관세음보살을 소리 내어서 열심히 부르는 것입니다. 관음염불을 하다 보면 어리석음이 사라져 자신이 하는 일들이 나쁜 일임을 깨닫게 되고, 악한 행동에서 벗어나고자 하는 강한 정신이 생겨나면서 중독에서 벗어나게 되는 것입니다.

관음염불은 극한의 더러움에 물들어 있어도 깨끗이 빨아버리는 세정능력이 탁월합니다. 그러하기에 극악무도한 자도 관세음보살의 자비심에 감동되어 새사람이 되는 것입니다.

뇌 과학으로 증명되는 기도의 신비

10여년 전 설악산 오세암에서 관음기도를 하고 있을 때의 일입니다.

그 시절은 기도장애에 빠져서 힘들어 하고 있을 때였습니다. 기도를 시작한 지 한 달쯤 지났을까? 관세음보살을 염하면서 깜박 졸았는데, 잠깐 사이에 거대한 물체에서 수많은 선들이 사방으로 뻗어 있는 것이 보였습니다.

마치 많은 회로와 전선들로 구성되어있어 스위치를 켜서 작동시키면 우리가 원하는 것을 볼 수 있는 메인 컴퓨터처럼 말입니다.

지금 생각해보면 그때 꿈에서 본 것이 내 뇌의 활동상이 아닌가 합니다.

기도의 증험은 뇌 과학으로도 증명됩니다.

기도는 마음과 뇌에 울림을 줍니다. 마음을 집중해서 염불하거나 다라니를 지송하게 되면 마음과 뇌에서 파장이 일어나며, 고도로 발달한 세포들이 하나 둘씩 깨어납니다.

인간의 뇌에는 약 10조 개의 '뉴런신경세포'가 있어 기억과 학습, 그리고 감정과 마음의 작용이라는 고도의 정신 활동을 담당하고 있습니다. 각각의 뉴런은 평균 약 1만 개의 연결 끈을 형성한다고 합니다. 이 수많은 연결 구조가 바로 기억인 것입니다.

뉴런은 인간의 몸을 구성하는 여타의 세포와 다른 특징을 지니고 있는데, 뉴런의 세포체에는 축색軸索과 수상돌기樹狀突起라는 돌기가 뻗어 있습니다. 이들 돌기를 매개로 다른 뉴런과 정보를 주고받는데, 이 정보교환이 뇌의 기본적인 기능이며, 인간 활동의 근원인 것입니다.

우리가 물체와 접촉하거나 그것을 보면 그 자극은 감각기관에서 전기적인 신호로 뉴런에 전해집니다. 수상돌기는 그 자극을 받아들이는 부분입니다. 수상돌기는 이 자극을 세포체에서 축색으로 전하며, 축색은 이것을 전기적인 신호로 바꾸어 다음의 뉴런에 전합니다.

뉴런에서 중요한 부분은 축색의 끝 부분인 시냅스synapse라 합니다. 앞에서 전기적인 신호를 통해 다음의 뉴런으로 전한다고 했는데, 시냅스는 서로가 연결되어 있지 않습니다. 그렇다면 어떻게 다음 뉴런에게 신호를 전달하겠습니까?

그 역할을 담당하는 것이 '신경전달물질'입니다. 시냅스에는 세포체에서 운반되어온 소포小胞가 있는데, 전기신호가 시냅스까지 오면 소포 안의 신경전달물질이 시냅스의 틈으로 방출되어, 신호를 받아들이는 쪽의 뉴런에 있는 수용체受容體와 결합함으로써 전기신호를 전하는 것입니다.

바로 이 시냅스가 기도의 주체입니다.

우리들이 관세음보살을 정성껏 일심으로 칭명하면 뉴런에서 화학물질이 발산되는데, 그것은 마치 진공에서 일으키는 빛과 같습니다. 시냅스와 시냅스 사이는 진공상태입니다. 진공상태에서 필라멘트가 빛을 튀겨 백열등의 빛을 만들어 내듯이, 관세음보살을 일심으로 칭명하면 관세음보살님이 어디에 계시든 나의 소원이 하나의 번쩍하는 빛으로 변하여 우주 진공을 따라 나의 마음을 전달하는 것입니다.

기도를 하면 나我와 우주宙, 관세음보살이 하나로 연결된다는 말씀입니다. 이것이 기도가 이루어지는 이치입니다.

뉴런은 태어나면서부터 조금씩 죽어가지만 술과 담배, 악행을 저지르면 정상적인 작동을 하지 않거나 그 죽는 속도가 훨씬 빨라진다고 합니다. 각종 정신질환이나 기억력 감퇴 등이 바로 뉴런이 죽거나 망가진 결과입니다.

그러나 기도를 하면, 이러한 것들이 되살아나고 활발해져서 세포가 힘을 얻게 되고, 마침내는 한 번 보거나 들은 것은 잊지 않는 불망념지不忘念智를 얻을 수 있으며, 부모에게서 태어나기 전의 소식까지도 알 수 있는 것입니다.

무진의여, 관세음보살은 이와 같은 대위신력이 있어서 사람을 이롭게 하는 것이 많으니라. 이렇기 때문에 중생들은 항상 마음으로 생각해야 하느니라.

無盡意 觀世音菩薩 有如是等大威神力 多所饒益 是故衆生常應心念
무진의 관세음보살 유여시등대위신력 다소요익 시고중생상응심념

관세음보살의 대위신력은 그분만을 위한 것이 아닙니다. 중생을 위한 것이 아니라면 아무리 큰 위신력인들 무슨 소용이겠습니까. 우리들이 원하고 구할 때 다독이며 들어주시고, 이루어주시기 위해 위신력을 갖추는 것입니다.

마치 갓난아이가 울면 어머니가 돌보아 주듯이, 관세음보살께서 우리들을 보살피고 이롭게 하는 일은 이루 헤아릴 수 없이 많습니다. 관세음보

살이 만중생의 큰어머니요, 만인의 귀의처가 되어야 하는 까닭이 여기에 있습니다. 그분의 공덕을 의심해서는 안됩니다. 그분은 잘난 자와 못 생긴 자, 부자와 가난한 자를 가리지 않습니다. 공덕을 받고 못 받음은 칭명하는 우리들의 몫일 뿐입니다.

만 중생이 부르면 만 중생에게 다 응하십니다.

신라 신문왕 때의 고승인 경흥스님은 18세에 출가했습니다. 뒤에 삼장에 통달하여 명성이 드높았는데, 681년 문무왕이 세상을 떠나면서 신문왕에게 부탁하여 명했습니다.

"경흥법사는 국사가 될 만하니 내 명을 잊지 말라."

이에 신문왕이 즉위하여 국사國師로 책봉하고 경주 삼낭사에 살게 하였습니다. 그런데 갑자기 병이 들어 한 달쯤 되었을 때였습니다. 한 비구니 스님이 와서 문안하더니, 화엄경을 인용하여 '착한 벗이 병을 고쳐준다 했다' 며 덧붙여 말했습니다.

"지금 스님의 병은 근심으로 생긴 것이니, 기쁘게 웃으면 나을 것입니다."

하더니 열한 가지 모습을 만들어 저마다 각각 우스운 춤을 추니, 그 모습은 뾰족하기도 하고 깎은 듯도 한 게 그 변화하는 모습이 이루 말할 수 없이 우스워 모두들 턱이 빠질 지경이었습니다.

법사의 병은 이내 씻은 듯이 나았습니다.

그러자 비구니는 곧 문을 나가 남항사로 들어갔는데 그 행방을 알 수 없었습니다. 다만, 비구니 스님이 지녔던 지팡이만 십일면원통상十一面圓通像 앞에 있었다 합니다.

제3장

중생을 생각하는 마음

• 탄생의 기적을 부르는 관세음보살 •

만약 어떤 여인이 아들을 낳고자 하여 관세음보살을 예배하고 공양하면 문득 복덕과 지혜가 있는 아들을 낳을 것이며, 딸을 낳고자 하면 문득 단정하고 예쁜 딸을 낳으리니, 숙세에 덕의 근본을 심었기에 많은 사람들에게 사랑과 공경을 받을 것이니라.

若有女人 設欲求男 禮拜供養觀世音菩薩 便生福德智慧之男 設欲求女
약유여인 설욕구남 예배공양관세음보살 변생복덕지혜지남 설욕구녀

便生端正有相之女 宿植德本 衆人愛敬
변생단정유상지녀 숙식덕본 중인애경

우리들은 이런저런 이유로 원하는 아이를 갖기 바랍니다.

자신이 원하는 아이를 갖는 방법이 여기 있습니다. 관세음보살을 예배하고 공양하면서 아들을 낳고자 하면 잘생기고 똑똑한 아들을 낳을 것이고, 딸을 낳고자 하면 예쁘고 단정한 딸아이를 낳을 것입니다.

관세음보살께 기도하여 아이를 낳은 사례는 무수히 많습니다.

신라의 성인 자장율사慈藏律師도, "만일 아들을 낳게 되면 그 아이를 내놓아서 법해法海의 진량津梁으로 삼겠습니다." 하고 천수천안관세음보살께 아들 낳기를 소원하고 기도했던 아버지 덕분에 태어났습니다. 기도 끝에 그 어머니의 꿈에 별 하나가 떨어져서 품 안으로 들어오더니 이내 태기가 있어서 낳은 것이 자장율사였던 것입니다.

청송 주왕산에서 기도정진 할 때였습니다.

21일 관음기도를 마치니 암자에 한두 명씩 기도객이 들어오기 시작했습니다. 하루는 큰절 대전사 입구에서 사찰용품을 판매하는 보살님이 사내아이를 낳고 싶다고 상담을 해 왔습니다. 그래서 법당에 들어가서 관세음보살을 부르며 절을 하는 백일기도를 권했습니다. 그리고 며칠 후에 나는 암자를 떠나게 되었고 그 뒤론 선원에서 정진했습니다.

몇 해가 지나서 우연히 그 보살님을 만나게 되었는데, 보지 못했던 사내아이가 같이 있었습니다. 보살님은 그 아이가 기도를 해서 얻은 아이라며 자랑스럽게 말했습니다. 반갑고 기쁜 마음에 아이를 쓰다듬던 나는 깜짝 놀라고 말았습니다. 아이의 얼굴이 법당의 십육나한 중 한 분과 꼭 닮았던 때문입니다.

그 후론 아이를 원하는 분들에게 꼭 이렇게 말씀드립니다.

"관음기도를 하시지요."

무진의여, 관세음보살은 이와 같은 힘이 있느니라.

無盡意 觀世音菩薩有如是力
무진의 관세음보살유여시력

관세음보살님의 힘은 어디서 나왔을까요.

능엄경에서는 관세음보살이 듣는 것을 돌이켜 닦는 문훈문수聞熏聞修의 금강삼매(金剛三昧, 모든 사물에 통달한 삼매)를 수행하여 부처님과 같은 대자비심을 얻었으며, 몸과 마음으로 열네 가지 두려움을 없애주는 십사무외十四無畏의 공덕의 힘을 얻었다고 하였습니다. 그리고 이러한 원통을 얻어서 최상의 도道을 닦아 증득하였기 때문에 또 네 가지의 불가사의한 덕(四不思議德, 말로 표현하거나 마음으로 추측할 수 없는 네 가지 덕)의 힘을 얻었다고 밝히고 있습니다.

관세음보살은 자신에게 갖춰진 십사무외력十四無畏力에 대해 다음과 같이 말씀하십니다.

① 스스로 소리를 관觀하지 않고, 보는 것을 꿰뚫어 보아서 힘을 얻었기에 모든 세계의 고뇌하는 중생으로 하여금 그 음성을 관하여 해탈을 얻게 하며,

② 알고 보는 것을 돌이켜서 힘을 얻었기에, 모든 중생이 설사 큰 불에 들어가게 되더라도 불이 태우지 못하게 하며,

③ 듣는 것을 돌이켜서 꿰뚫어 보아서 힘을 얻었기에, 모든 중생이 큰 물에 떠내려가게 되더라도 그 물이 빠뜨리지 못하게 하며,

④ 망상을 끊어 없애고 마음에 살해할 생각이 없어서 힘을 얻었기에, 모든 중생이 온갖 귀신의 세계에 들어가도 귀신이 해치지 못하게 하며,

⑤ 듣는 것을 훈습薰習하고 듣는 성품을 완성하여 6근(시각·청각·후각·미각·촉각·생각)이 사라지고 소리와 듣는 것이 같아지기에, 중생들이 해침을 당하더라도 칼이 조각조각 부서지고 병장기가 마치 물을 베는 듯하고 빛을 붓는 듯하여 성품이 흔들림이 없게 하며,

⑥ 듣는 것을 훈습함이 면밀하고 밝아서 밝음이 법계에 두루 하면 모든 어두움이 사라지듯이, 중생들에게 야차·나찰·구반다귀·비사차·부단나 등이 그 곁에 가까이 가더라도 눈으로 볼 수 없게 하며,

⑦ 소리의 성품이 원만이 사라지고 듣는 것을 관하여 돌이켜 들어가니 모든 허망함을 여의었기에, 중생들에게 밧줄로 묶고 쇠고랑을 채우

게 되더라도 묶일 수 없게 하며,

⑧ 소리를 멸하고 듣는 것이 원만해져서 자비의 힘이 두루 미치게 되었기에, 중생들이 험악한 길을 지나더라도 도적이 겁탈할 수 없게 하며,

⑨ 듣는 것을 훈습하여 더러움을 여의어서 이성에 대한 겁탈이 없기에, 갖가지 음욕이 많은 중생들이 멀리 탐욕이 떠나도록 하며,

⑩ 순수한 소리는 때가 없어서 근경(根境, 6근 6경, 감각기관과 그 대상)이 원융하니 능대(能對, 주체)와 소대(所對, 객체)가 없어지고, 이로 인해 힘을 얻었기에 모든 성내고 한을 품은 중생들이 모든 성냄에서 벗어나게 하며,

⑪ 경계를 소멸하고 밝음을 돌이키니 법계와 신심(身心)이 마치 유리처럼 통하여 걸림이 없어졌기에, 성품이 어리석고 무딘 장애한 이들을 어리석음에서 영원히 벗어나게 하며,

⑫ 형상이 원융하고 듣는 것을 회복하여 도량을 움직이지 아니하고 세간을 거두어들이며, 세계를 무너뜨리지 아니하고 시방세계의 모든 부처님께 공양하고 각각 그 부처님 곁에서 법왕자가 되었기에, 법계에 자식 없는 중생이 남자를 구하는 자가 있으면 복덕과 지혜가 있는 남자로 태어나게 하며,

⑬ 6근이 원통(불보살의 깨달음의 경지)하여 밝게 비춤이 둘이 없어서 시방세계를 머금고 대원경(大圓鏡, 부처님의 큰 지혜)과 공여래장(空如來藏, 부처

님의 무량공덕)을 세우고, 시방의 수많은 여래의 비밀법문을 받아들여 잃어버리지 않기 때문에, 법계에 자식 없는 중생이 여자를 구하고자 하면 단정하고 복덕이 있고 유순하여 모든 사람들이 사랑하고 공경할 만한 모습의 여자로 태어나게 하며,

⑭ 이 삼천대천세계의 백억일월百億日月에 현재 세간에 머무는 모든 법왕자가 육십이항하사수六十二恒河沙數가 있으니, 법을 닦고 모범을 보여서 중생을 교화하고 수순한 중생에게 쓰는 방편의 지혜는 각각 같지 않지만, 내가 얻은 원통의 근본이 묘한 이문(耳門, 마음 귀의 문)에서 일어난 다음에 몸과 마음이 미묘하게 주변법계를 머금어 받아들여서 나의 명호만 지니게 하더라도, 저들이 육십이항하사수의 모든 법왕자를 함께 부르는 것과 그 복덕이 같아서 다름이 없습니다.

• 남김없이 내어주는 분 •

"만약 어떤 중생이 관세음보살을 공경하고 예배하면 그 복은 헛되지 않으리니 이렇기 때문에 모든 중생은 관세음보살의 명호를 받아 지녀야 하느니라. 무진의여, 만약 어떤 사람이 육십이억 항하의 모래 수만큼의 보살의 명호를 받아 지니고 또한 목숨이 다할 때까지 음식과 의복과 침구와 의약으로 공양한다면, 그대는 어떻게 생각하는가? 이 선남자 선녀인의 공덕이 많겠는가?"

무진의보살이 대답하였다.

"매우 많습니다. 세존이시여."

부처님께서 말씀하셨다.

"만약 다시 어떤 사람이 관세음보살의 명호를 받아 지녀서 한때라도 예배하고 공양한다면, 이 두 사람의 복이 똑같고 다름이 없어서 백천만억 겁이 지나더라도 다하여 없어지지 않느니라. 무진의여, 관세음보살의 명호를 받아 지니면 이와 같이 한량이 없고 끝이 없는 복덕의 이익을 얻게 되느니라."

若有衆生 恭敬禮拜觀世音菩薩 福不唐捐 是故衆生皆應受持
약유중생 공경예배관세음보살 복불당연 시고중생개응수지

觀世音菩薩名號 無盡意 若有人受持六十二億恒河沙菩薩名字
관세음보살명호 무진의 약유인수지육십이억항하사보살명자

復盡形供養姪食 衣服臥具醫藥 於汝意云何 是善男子 善女人
부진형공양음식 의복와구의약 어여의운하 시선남자 선여인

功德多不 無盡意言 甚多 世尊 佛言 若復有人受持觀世音菩薩名號
공덕다부 무진의언 심다 세존 불언 약부유인수지관세음보살명호

乃至一時 禮拜供養 是二人福 正等無異 於百千萬億劫不可窮盡
내지일시 예배공양 시이인복 정등무이 어백천만억겁불가궁진

無盡意 受持觀世音菩薩名號 得如是無量無邊福德之利
무진의 수지관세음보살명호 득여시무량무변복덕지리

　관세음보살을 예배하고 공경하십시오. 그 복과 공덕은 절대 헛되지 않을 것입니다. 육십이억 항하의 모래 수만큼의 보살의 이름을 받아 지니는 거와 관세음보살의 이름을 지니는 공덕이 똑같다고 하였습니다. 그 공덕은 영원하여 세세생생 나 자신을 따라다닐 것입니다.

　힘든 세상을 살아가자면 존경하고 싶고, 닮고자 하는 분들이 있을 것입니다. 그 대상을 관세음보살님에게 향하도록 해주십시오. 마음속에 관세음보살을 품어 보십시오. 그러면 너나없이 관세음보살이 되어서 가는 곳마다 주인이 되고, 처해 있는 곳마다 법의 깃발을 세우며 차원 높은 인생을 살아나갈 것입니다.

　관세음보살님은 원통(圓通, 두루 가득 참)을 얻어서 최상의 도(道)을 닦아 증득하였기 때문에 네 가지의 불가사의한 덕(四不思議德)의 힘을 얻었다고 밝히고 있습니다. 모든 중생들에게 무엇이든지 아낌없이 베푸는 자비의 화신

이 되신 것도 4부사의덕을 갖춘 때문인 것입니다. 관세음보살은 자신이 갖춘 4부사의덕에 대해 다음과 같이 말하고 있습니다.

첫째, 원융하고 청정한 보배의 깨달음을 이루었기 때문에 저는 갖가지 묘한 용모를 나타내고 끝없는 비밀신주秘密神呪을 설할 수 있었습니다. 그 가운데는 팔만사천의 견고한 머리, 팔만사천 모다라母陀羅의 팔, 팔만사천의 청정하고 보배로운 눈으로 중생을 구호하여 대자재를 얻게 합니다.

둘째, 제가 묘하게 갖가지 형상을 나타내고 갖가지 주문을 외워서, 그 형상과 주문이 두려움을 없애는 것이 되어, 모든 중생들에게 베풀었기 때문에 시방의 수많은 국토에서 모두 '두려움 없음을 베푸는 자'라고 부르게 되었습니다.

셋째, 제가 본묘원통(本妙圓通, 본래 묘한 부처님의 경지)의 청정한 본근(本根, 근본의 청정함)을 수습했기 때문에 제가 다니는 세계의 모든 중생들이 몸과 귀중한 보배를 버리고, 제게 자기를 가엾게 여겨 주기를 구하게 되었습니다.

넷째, 제가 불심을 얻고 구경을 증득하여 진귀한 보배 등으로 시방의 여래에게 공양하여, 법계의 육도중생에 미치기까지 아내를 구하면 아내를 얻게 하고, 아들을 구하면 아들을 얻게 하고, 삼매를 구하면 삼매를 얻게 하고, 장수長壽를 구하면 장수를 얻게 하며, 이와 같이 나아가 대열반大涅槃을 구하면 대열반을 얻도록 하였습니다.

관음기도로 암을 치료하다

서울에 포교당 관음선원을 개원하고 나서 1년이 조금 지날 즈음이었습니다.

마을에 사시는 보살님 한 분이 남편과 같이 선원으로 찾아오셨습니다. 핏기가 없는 얼굴은 헬쭉하게 야위었는데, 말씀하는 것조차 참 힘들어 보였습니다.

자신은 하남에 있는 절에 다니고 있는데 기도를 하고 싶어 찾아왔다는 것이었습니다. 사연을 들어보니, 방광암 재수술을 받은 분이었습니다. 그때서야 안 것이지만, 방광암은 소변을 저장하는 풍선처럼 생긴 장기인 방광에서 비정상세포가 통제할 수 없이 성장하는 암을 말합니다. 그런데 이것의 문제는 재발이 쉽다는 것입니다. 보살님은 자신도 두 번째 수술을 받았지만, 같이 치료를 한 환자 분도 여러 번 재수술을 받았다면서 근심이 가득한 표정으로 말을 이어갔습니다.

나는 생각할 겨를도 없이 백일 관음기도를 하시라고 권했습니다. 그리고 관음기도로 병고를 고친 사례를 말씀해 드렸습니다. 꾸준히 기도하면 나을 수 있다는 말씀에 각오가 생기셨는지 보살님은 한 번 열심히 해 보겠다 했습니다. 그리곤 내일은 병원에서 치료를 받는 날이니 다음날부터 오겠다는 말을 남기고 선원을 나가셨습니다.

약속한 날이 되자, 사시기도를 시작으로 백일 관음기도를 들어갔습니다. 며칠이 지나자 보살님은 내 기도 방법에 익숙해지셨는지, 정말 간절한 마음에서 우러나왔는지 목탁과 염불소리에 맞춰 열심히 기도했습니다. 나는 기도를 마치고 나면 기도점검을 해주며 집에서도 열심히 정진하시라는 당부를 드렸습니다.

기도가 지속될수록 보살님의 몸도 점차 좋아지는 듯했습니다. 그럴수록 환희심이 이는 듯, "마음까지 즐거운데 이런 기도를 왜 안 하면서 살았는지 모르겠다."며 집에서도 기도의 끈을 늦추지 않았습니다.

하지만 암에 대한 불안은 여전히 떨치지 못한 듯했습니다. 그렇게 기도생활을 하던 어느 날, 점심공양을 마치고 쉬고 있을 때였습니다. 기도시간도 아닌데 보살님이 문을 열고 들어오시는 것이었습니다.

"스님, 경과가 너무 좋아졌데요!"

보살님은 해맑게 웃으며 검진결과를 알려주었습니다.

보살님의 얼굴에는, 처음 관음선원을 오실 때의 찌들어 있던 병자의 모습은 어디에도 없었습니다.

제4장

모두를 사랑하리

• 중생이 원하는 모습으로 나투시는 관세음보살 •

무진의보살이 부처님께 아뢰었다.

"세존이시여, 관세음보살은 어떻게 이 사바세계를 다니시고, 어떻게 중생을 위하여 법을 설하시며, 그 방편의 힘은 어떠하옵니까?"

無盡意菩薩白佛言 世尊 觀世音菩薩 云何遊此娑婆世界
무진의보살백불언 세존 관세음보살 운하유차사바세계

云何而爲衆生說法 方便之力 其事云何
운하이위중생설법 방편지력 기사운하

스님 노릇을 하면서 중생을 위해 산다는 것이 어느 선까지인지 궁금할 때가 많았고, 그에 대한 고민도 많이 했었습니다.

'모든 악은 짓지 말며, 온갖 착한 일을 받들어 행하라.' 諸惡莫作 衆善奉行

칠불통게七佛通偈로 전해지는 부처님의 가르침은 지극히 옳은 말씀이나, 요즘 시대는 착하기만 하면 바보 취급을 받고 남들에게 이용당하기 쉬운 것이 현실입니다. 더욱이 수행자는 맑고 순수하기 때문에 쉽게 속아 넘어갈 때도 많습니다. 악한 사람들은 이것을 이용하고 부려먹으면서 자신들의 이익을 채우곤 합니다. 그런 사람들과 함께 지내는 것은 여간 힘든 일이 아닙니다.

어느 큰스님께서는 순수한 마음이어야 도가 열리고, 맑은 마음에서 참다운 자비가 나온다고 하셨습니다. 경허스님의 제자인 수월스님도 험악한 스님 밑에서 6년간 자신의 공부를 다졌습니다.

무쇠소가 사자의 울음소리를 무서워하지 않듯이 관음염불을 열심히 하는 수밖에 없을 듯합니다. 그리하여 마음을 무심처無心處에 세우고, 텅 비고 깨끗한 마음(空)을 항상 유지해야겠습니다.

본문으로 돌아가 보겠습니다. 무진의보살이 부처님께 묻습니다.

관세음보살은 어떻게 이 사바세계를 다니십니까? 어떻게 중생을 위하여 설법을 하십니까? 방편의 힘은 어떠합니까?

관세음보살님은 중생들이 태어나고 죽어 윤회하는 삼계三界를 넘어 수 없는 삼천대천세계三千大天世界에서 활동하십니다. 우리들이 사는 세계를 하나의 소세계小世界라 하는데, 삼천대천세계는 10억의 소세계가 모인 세계입니다. 삼천대천세계에서는 한 부처님이 교화하시는 세계로 1불국토一佛國土라고 합니다.

아미타부처님과 관세음보살님은 이곳으로부터 서쪽으로 10만억 국토를 지나 있는 극락세계에 머무른다고 합니다. 우리들이 사는 사바세계로부터 무려 10만억 불국토를 떨어져 있는 세계가 극락이라는 것입니다. 그렇다면 관세음보살님은 이토록 엄청나게 광활한 우주를 어떻게 한가롭고 여유롭게 다닐 수 있을까요?

그것이 바로 '진공묘유' 眞空妙有입니다. 진공묘유란 참된 공에는 묘한 것이 있다는 뜻입니다. 진공은 반야般若요, 묘유는 바라밀波羅蜜입니다. 그렇기 때문에 진공은 지혜智慧이고, 묘유는 안락에 이른 도피안到彼岸이니, 지혜로서 부처님세계에 이른다는 것입니다. 진공묘유와 반야바라밀은 이름은 다르나 뜻은 같은 내용입니다.

진공眞空.

이것은 원래 아무것도 없는 공간이어야 합니다. 그런데 현대물리학 이론에 따르면 완전한 진공에서도 에너지가 존재합니다. 원자보다도 훨씬 작은 차원에서 이상한 현상이 일어난다는 것입니다. 진공에너지에 의해 극히

짧은 시간에 아무것도 없는 공간으로부터 갑자기 입자가 나타났다가 사라져버린다고 합니다. 작은 빛의 입자가 갑자기 나타났다 사라지고, 두 빛이 붙어 있다가 떨어지며, 떨어져 있다가 갑자기 붙는다고 합니다. 물론 우리들의 눈으로는 볼 수가 없는 것입니다. 관세음보살은 이러한 '진공묘유', '반야바라밀'의 이치로서 광활하고 끝도 없는 대우주를 찰나에 마음대로 노니시는 것입니다.

그렇다면 관세음보살님은 어떻게 중생을 위하여 설법을 하실까요. 『관세음보살수기경』에서는 화덕장보살이 부처님께 설법을 청하자 부처님은, 무의지無依止의 한 법을 이룬 보살은 모든 것이 실체가 아니라고 생각하는 여환삼매如幻三昧를 얻으며, 이러한 삼매를 얻은 보살은 능히 자신의 몸을 변화시켜 대중의 모습에 따라 설법함으로써 중생들로 하여금 깨달음을 얻게 한다고 하십니다. 그리고 관세음보살이 이 삼매를 얻었다고 하였습니다.

경전에 나와 있는 부처님 말씀을 잠깐 음미해 보도록 하겠습니다.

"모든 법이 공空한 것임을 능히 잘 통달할 수 있다면, 이것을 이름 하여 여환삼매如幻三昧를 얻었다고 하는 것이다. 이와 같은 삼매를 얻으면 바른 방편으로써 능히 그 몸을 변화시켜서 중생들의 모습이 이룬 선근에 따라 법을 설하여, 이들로 하여금 더없이 뛰어나고 올바르고 완전한 깨달음의 경지를 얻도록 할 수가 있느니라."

그렇습니다. 관세음보살님은 자신의 모습을 변화시켜서 중생들의 근기에 따라 법을 설하며, 바르고 완전한 깨달음을 얻게 한다고 하였습니다. 그것이 바로 '응화'應化입니다. 응화는 부처님의 삼신三身 가운데 중생을 위해 나투는 모습의 하나입니다.

삼신, 즉 부처님의 성품에 따른 세 가지 몸은 다음과 같습니다.

법신法身: 형상을 초월한 진여(眞如, 변하지 않는 본체)의 깨달음 그 자체입니다. 청정법신비로자나불淸淨法身毘盧遮那佛로 조성됩니다.

보신報身: 보살이 원願을 세우고 수행修行을 해서 그 보답으로 얻은 불신입니다. 대표적인 부처님이 아미타불입니다.

응신應身: 응화신應化身이라고도 하는, 중생을 이끌기 위해서 상대에 맞게 나타나는 불신입니다. 천백억화신으로 일컬어지는 석가모니부처님이 대표적인데, 중생을 위해 맞춤형 설법을 하는 관세음보살 또한 응화신의 한 모습입니다.

중국의 당나라 문종황제는 신심이 남달리 돈독한 불교신도였습니다. 그는 바쁜 정사 가운데도 전국의 명찰을 순례하며 참배했으며, 내전에 불당을 차려놓고 관음상을 모시고 있었습니다.

당시 종남산終南山에는 유정惟政선사라는 고승이 있었는데, 황제는 그를 몹시 존경해 왕사처럼 모시면서 지도를 받을 정도였습니다. 국가에 대사가 있을 때에는 예외 없이 먼저 궁전에 모신 관세음보살님 앞에 나아가 기도를 하고 현몽을 얻어 일을 처리했습니다. 그러면 무슨 일이나 어려움 없이 순조롭게 풀리고 또 성취가 되었습니다.

문종황제는 불교에 귀의한 뒤로부터 일체의 고기를 먹지 않았다고 합니다. 그러나 오직 한 가지, 조개만은 끊지를 못했습니다. 조갯살을 떼어 초장에 찍어먹는 맛이 보통이 아니었던 것입니다. 그래서 조개만은 그냥 수랏상에 올리도록 하였습니다.

어느 날 아침, 그 날도 아침 일찍 일어나 관세음보살전에 가서 기도를 올리고 돌아와 수랏상을 받았습니다. 수랏상은 거의가 채소반찬이었으나 유독 조개 한 접시가 올라와 있었습니다. 황제의 손은 역시 조개로 먼저 갔습니다.

그중에는 껍데기가 벌어지지 않는 조개가 하나 있었습니다. 그런데 황제가 손가락으로 조개를 쪼개자, 짝 소리를 내며 벌어지는데 조갯살점이 관음상으로 변하는 것이었습니다. 보살의 상호 하나 하나가 틀림없는 관음상이었습니다.

황제는 종남산에 있는 유정선사를 급히 불렀습니다.

"조개에서 진주가 나온다는 말은 들었어도 불상이 나온다는 말은 듣도 보도 못한 일이오. 이게 어찌 된 일입니까?"

유정선사는 태연하게 말했습니다.

"이것은 32상으로 나투어 중생을 교화하시는 관세음보살의 현신입니다."

"32상 가운데 불신·보살신·벽지불신 등은 있으되 조개불은 보지 못하였는데, 이것을 어떻게 32응신의 화신이라고 하십니까?"

"불신은 백억 화신으로 나투신다고 하지 않았습니까? 백억 화신 가운데 어찌 조개로 나투는 화신인들 없겠습니까?"

"관음보살은 부처가 아니거늘, 어찌 화신으로 나툰다는 말씀이오?"

"관음보살은 과거에 이미 성불하신 부처님이지만 중생을 제도하기 위해 보살이 되셨다고 경전이 말씀하시거늘, 어찌 의심하십니까? 관음보살이 곧 부처님이십니다."

"그렇다면 이 관음상은 어찌해서 설법이 없단 말이오?"

"폐하께서는 조개 속에서 관음상이 나온 일을 어떻게 생각하십니까?"

"물론 관음보살의 신통변화라고 믿고 있습니다."

"그러시다면 이미 관음보살의 법문을 들으신 것이 아닙니까? 관세음보살은 설함이 없이 설하시니 폐하도 귀로 듣지 않았다 하여 듣지 않은 것이 아닌 것입니다."

문종황제는 이 말을 듣고 크게 느낀 바 있어 이 관음상을 호신불로 모시고 그렇게 즐기던 조개반찬을 다시는 먹지 않았다고 합니다.

관세음보살님의 방편의 힘은 어떠할까요. 위의 이야기처럼 관세음보살님의 방편의 힘은 32응화신이라고 할 수 있습니다. 그러나 관세음보살의 방편은 32응화신이 전부가 아닙니다.

방편의 힘은 자비의 성취에서 나옵니다.

관세음보살은 중생을 향한 자비심이 무한하기 때문에 방편의 힘도 무한하다고 볼 수 있습니다. 그렇기 때문에 관세음보살은 이름도 많습니다. 대개는 중생의 형편에 따라 알맞게 제도하기 위해 서른세 가지의 모습으로 나투신다 하여 33관음이라 하는데, 여기에서는 육도六道 중생과 친숙한 6관음과 7관음에 대해서 알아보겠습니다.

① 천수천안관음千手千眼觀音

천의 손과 천의 눈을 가지고 지옥중생을 교화 구제하는 관세음보살입니다. 이 천수천안관음은 본래 가지고 있는 두 손과 두 눈 외에 좌우로 40개의 손四十手을 갖추었고 또 각 손에는 1개의 눈을 가지고 있는데, 이 40개의 손과 40개의 눈을 삼계三界 이십오유二十五有, 즉 25개 세계에 배대(40×25=1,000)하여 천수천안千手千眼이 되는 것입니다.

천수천안관음은 대비大悲의 별행別行입니다. 이 관세음보살은 천상천하

우주 전체 안에 있는 일체중생을 다 제도하는 끝없는 능력(萬能力)을 갖추고 있는 보살입니다. 그러나 지옥 중생을 깨우쳐 제도하는 관음이라고 하여 중앙의 큰 손은 대체로 합장의 계인契印을 하고 있습니다.

② 성관음聖觀音

관세음보살의 기본이 되는 보살로, 이 관세음보살은 아귀도에 빠진 중생을 교화 제도하는 관세음보살입니다. 이 관세음보살은 근본적으로 부동不動하는 근본적인 본래의 관음인데, 후세에 여러 가지로 분류하여 성관음이라 하며, 대비의 총체입니다.

이 관음의 상호는 머리 위에 아미타불을 이고 있는 것이 특징이며 몸에는 천의를 입고 목에는 염주와 같은 영락을 걸고 있는 관세음보살입니다. 왼손에는 연화 꽃봉오리를 들고 오른손은 시무외인을 하고 있습니다. 이 왼손은 중생계를 표현하고 오른손은 불계를 표현한 것인데, 부처님이 자비의 몸으로써 온갖 중생들의 번뇌 망상을 헤쳐 주는 것을 관음형상에 표현한 것이라 하겠습니다.

③ 마두관음馬頭觀音

이 관세음보살은 축생도를 교화 제도하는 관세음보살입니다. 이 관음은 부동존여래의 상호와 같은 무섭게 분노한 상호를 하고 머리 위에 백마의 머리(白馬頭)를 이고 앉아 있는 것이 특징입니다. 세 개의 얼굴에 여섯 개의 팔을 가진 삼면육비三面六臂도 있는데 각 손에는 도끼, 보청, 금강저 등을 가지고 있습니다. 이 관음은 전륜성왕이 말을 타고 질풍 같은 위세로 중생의 마장魔障을 굴복시키는 동시에 큰 자비를 베푸는 것을 상징합니다. 보검은 귀신의 난을, 금강저는 원적을, 도끼는 관난官難을 끊어 없애버리는 것입니다.

④ 십일면관음十一面觀音

이 관세음보살은 수라도를 교화 구제하는 관세음보살입니다. 이 관음은 머리 위에 9면의 관음 얼굴이 있고, 그 정상에 다시 일체의 관음을 합하여 십일면十一面이 됩니다. 이것은 중생의 십일품무명十一品無明을 끊고, 십일지十一地의 불 과위를 얻는 것을 상징한 것입니다. 이 관음의 손에는 병과 수주數珠를 가지고 있는데, 병은 소원을 성취케 하고 수주는 중생의 번뇌를 단절하는 표징이라고 합니다.

⑤ 준제관음准提觀音

이 관세음보살은 인도를 교화 구제하는 관세음보살입니다. 이 관음은 천인장부관음이라고도 하는데, 마두관음이 남성적임을 상징한 것이라면 준제관음은 여성을 상징한 관음입니다.

준제관음을 밀교에서는 칠구지 부처님의 어머니(佛母)라고 칭하는데, 칠구지는 칠억이란 말입니다. 그만큼 준제보살의 공덕이 광대무변하다는 의미일 것입니다. 이 관음의 형상은 세 개의 눈과 두 개의 팔을 가진 삼목이비三目二臂 혹은 4비·6비·8비·10비·18비·32비·82비 등의 많은 팔을 갖추고 있는데, 삼목은 중생의 삼장三障, 즉 혹·업·고를 멸하여 중생의 심성을 청정하고 맑게 한다는 것입니다.

⑥ 여의륜관음如意輪觀音

천상에 있는 천도 중생을 교화 구제하는 관세음보살입니다. 이 관음은 뜻대로 원만히 성취하는 삼매인 여의보주삼매如意寶珠三昧에 들어 여의보주로 법륜을 굴려서 자비심으로써 능히 중생의 고통을 구제하고, 세간과 출세간에 한 가지 이익을 주는 보살입니다.

이 보살은 여섯 개의 팔을 가지고 앉아 있는 육비좌상六臂坐像이 보통인데 6비는 6보살이라는 뜻도 됩니다. 이 보살은 손에는 보주를 가지고 등 뒤로 여의륜을 쥐고 앉은 경우가 많습니다.

⑦ 불공견색관음不空羂索觀音

이 관세음보살을 더하면 7관음이 되는데 불공不空이란, 마음으로 원하는 바가 공空하여 헛되지 않는다는 뜻이며, 견색羂索은 그물을 두루 쳐서 번뇌 중생을 얽어 잡아맨다, 또는 낚싯줄을 생사윤회의 고해에 드리어 고뇌하는 중생을 낚아낸다는 뜻이니, 곧 대자대비의 그물과 동아줄로써 생사 바다에서 윤회하는 중생들을 건져서 구제한다는 뜻입니다.

이 보살은 사섭법(四攝法, 보시섭·애어섭·이행섭·동사섭)으로 중생을 제도한다고 하는데, 형상은 얼굴 하나에 팔이 두개인 일면이비一面二臂 혹은 삼면사비三面四臂, 삼면팔비三面八臂 등으로 조성됩니다.

부처님께서 무진의보살에게 말씀하셨다.

선남자야, 만약 어떤 국토의 중생이 있어 부처님 몸으로 응화하여 제도할 자가 있으면, 관세음보살은 곧 부처님의 몸을 나타내어 그를 위해 법을 설하고

佛告無盡意菩薩 善男子 若有國土衆生 應以佛身得度者
불고무진의보살 선남자 약유국토중생 응이불신득도자

觀世音菩薩 即現佛身而爲說法
관세음보살 즉현불신이위설법

부처님의 몸은 깨달음의 인연이 성숙하고 근기가 뛰어난 수행자에게 많이 나타십니다. 관세음보살의 32응신 또한 그 중생의 공부가 익은 정도에 따라서, 깨달음의 깊이에 따라서, 중생의 성격과 성품에 따라서 차별된 모습으로 나투십니다.

『금강경』에서 말하는 모든 현인과 성인들이 무위법으로 차별을 두는 거

와 같은 것이지요. 여기서 무위법이란 깨달음의 깊이라고 볼 수 있습니다.

벽지불의 몸으로 응화하여 제도할 자가 있으면, 곧 벽지불의 몸을 나타내어 그를 위해 법을 설하고

應以辟支佛身得度者 即現辟支佛身而爲說法
응 이 벽 지 불 신 득 도 자　즉 현 벽 지 불 신 이 위 설 법

벽지불은 독각獨覺이라 하며, 세속의 근심에서 떠나 산림에서 혼자 수행하여 깨달음을 이룬 자입니다. 대승의 원력까지는 세우지 않았으나, 열심히 수행 정진하는 중생에게는 독각의 모습으로 나투십니다.

성문의 몸으로 응화하여 제도할 자가 있으면, 곧 성문의 몸을 나타내어 그를 위해 법을 설하며

應以聲聞身得度者 即現聲聞身而爲說法
응 이 성 문 신 득 도 자　즉 현 성 문 신 이 위 설 법

성문은 부처님 가르침을 듣고 수행하는 사람입니다. 자신의 깨달음에만 신경을 쓰는 수행승으로서, 자기의 완성에만 힘쓰는 자에게도 나투십니다.

범왕의 몸으로 응화하여 제도할 자가 있으면, 곧 범왕의 몸을 나타내어 그를 위해 법을 설하고

應以梵王身得度者　卽現梵王身而爲說法
응이범왕신득도자　즉현범왕신이위설법

범왕은 범천梵天이라고도 합니다. 인도 전통사상에서 우주의 근본으로 중성中性인 브라만과 달리 남성으로 표현되는 브라마(범천)는, 불교에 들어와서 색계의 초선천을 관장하는 선신이 되었습니다. 제석천과 함께 불법을 지키는 호법신입니다.

관세음보살의 32응신은 현실세계에서 모습을 보이시지만 때로는 꿈속에서도 모습을 나투어 중생을 위하여 법을 설하기도 합니다.

에세이 『꽃피니 열매 맺네』를 출간하고 난 후의 일입니다. 처음으로 쓴 책인지라 많은 면에서 어설펐지만 반응이 궁금했습니다. 그런 나의 생각이 절실해서였는지 열심히 관음염불을 하던 어느 날 꿈을 꾸었습니다.

무척 큰 몸집을 가진 비범한 모습의 사람이 내 책을 보고 있었습니다. 그 사람은 책을 다 보고나서 말은 하지 않고 음~ 하는 소리를 내더니, 입을 앙~ 하고 크게 벌렸습니다. 그런데 헛바닥에는 오돌오돌 돌기가 돋아나 있었고, 그 돋아난 돌기에서 형광펜 색깔의 빛이 뿜어져 나오는 것이었

습니다. 그 모습을 본 내가, '나도 열심히 염불을 하면 저렇게 될 수 있다'고 말을 하고 있었습니다.

실로 염불을 하면 입에서는 빛이 쏟아져 나오고, 하늘신들이 찬탄을 하며, 입안은 꽃향기와 과일향기로 가득 차기도 합니다.

제석의 몸으로 응화하여 제도할 자가 있으면, 곧 제석의 몸을 나타내어 그를 위해 법을 설하고

應以帝釋身得度者 即現帝釋身而爲說法
응이제석신득도자 즉현제석신이위설법

제석은 인드라신입니다. 베다신화에서 가장 유력한 신이었지만 후에 불교에 들어와 범천과 함께 불법을 수호하는 신이 되었습니다. 그의 이름은 속어로 Sakka라 불리기 때문에 석釋이라 음역되고, 신들의 제왕이기 때문에 제帝라고 합니다. 불교신화에서는 도리천忉利天의 주인으로 수미산 꼭대기의 희견성喜見城에 산다고 합니다.

자재천의 몸으로 응화하여 제도할 자가 있으면, 곧 자재천의 몸을 나타내어 그를 위해 법을 설하며

應以自在天身得度者 即現自在天身而爲說法
응이자재천신득도자 즉현자재천신이위설법

자재천은 원래 인도 바라문교의 세계 창조신을 말합니다. 마혜수라摩醯首羅천왕이라고 하는데 세 개의 눈과 여덟 개의 팔을 가진 삼목팔비三目八臂를 하며, 흰 털로 된 불자(白拂)를 가지고 흰 소를 탄다고 합니다.

대자재천의 몸으로 응화하여 제도할 자가 있으면, 곧 대자재천의 몸을 나타내어 그를 위해 법을 설하고

應以大自在天身得度者　即現大自在天身而爲說法
응이대자재천신득도자　즉현대자재천신이위설법

대자재천은 세계를 주재하는 신, 특히 힌두교의 시바Shiva신을 불교에서 받아들여 부르는 호칭입니다. 자재천외도自在天外道의 주신主神이며, 색계의 여러 하늘 중 가장 꼭대기가 되는 색구경천色究竟天에 머무른다고 합니다. 밀교에서는 대일여래의 응현이라고도 합니다.

천대장군의 몸으로 응화하여 제도할 자가 있으면, 곧 천대장군의 몸을 나타내어 그를 위해 법을 설하고

應以天大將軍身得度者　即現天大將軍身而爲說法
응이천대장군신득도자　즉현천대장군신이위설법

천대장군은 전륜성왕을 말합니다. 통치의 고리를 굴리는 성왕이라는 뜻이며, 인도신화에서 세계를 통일하고 지배하는 제왕의 이상상理想像입니다. 무력을 사용하지 않고 단지 정의만으로 전 세계를 통치하는 이상적 제왕인데, 특히 불교에서는 부처님과 같이 32상을 갖춘 것으로 유명합니다.

비사문의 몸으로 응화하여 제도할 자가 있으면, 곧 비사문의 몸을 나타내어 그를 위해 법을 설하며

應以毘沙門身得度者　即現毘沙門身而爲說法
응 이 비 사 문 신 득 도 자　즉 현 비 사 문 신 이 위 설 법

비사문은 다문천多聞天이라고도 합니다. 세계의 북방을 수호하는 신, 원래는 힌두교의 북방을 수호하는 신이였다가 불교에 도입된 것입니다.

수미산의 4층에 있고, 사천왕의 하나로서 야차와 나찰의 무리들을 이끌고 북방을 수호하는 천신으로, 항상 부처님의 도량을 수호하며 법을 듣기 때문에 다문천이라고 합니다.

소왕의 몸으로 응화하여 제도할 자가 있으면, 곧 소왕의 몸을 나타내어 그를 위해 법을 설하고

應以小王身得度者　即現小王身而爲說法
응 이 소 왕 신 득 도 자　즉 현 소 왕 신 이 위 설 법

소왕은 인간세계의 왕을 말합니다. 임금, 국왕이라고도 합니다.

장자의 몸으로 응화하여 제도할 자가 있으면, 곧 장자의 몸을 나타내어 그를 위해 법을 설하고
應以長者身得度者　即現長者身而爲說法
응이장자신득도자　즉현장자신이위설법

장자는 요즘 말로 하면 재벌이라고 할 수 있습니다. 옛날의 재벌은 돈만 있는 것이 아니라, 마음과 품행도 따라주었던 듯합니다. 마음이 바르고, 성품이 곧고, 말솜씨가 있고, 행동이 믿음직스럽고, 이가 반듯하며 재산을 모은 사람을 장자의 조건에 두었습니다.

거사의 몸으로 응화하여 제도할 자가 있으면, 곧 거사의 몸을 나타내어 그를 위해 법을 설하며
應以居士身得度者　即現居士身而爲說法
응이거사신득도자　즉현거사신이위설법

거사는 집에 거처하는 선비입니다. 요즈음은 불교의 남자신도를 거사로 부르고 있는데, 인도에서는 상공업에 종사하고 있던 부호를 말합니다.

당시에는 하나의 계급을 이루고 있었고, 바라문교의 사성四姓제도에 적용시키면 제3의 계급으로서 바이샤에 해당됩니다.

재관의 몸으로 응화하여 제도할 자가 있으면, 곧 재관의 몸을 나타내어 그를 위해 법을 설하고

應以宰官身得度者 卽現宰官身而爲說法
응이재관신득도자 즉현재관신이위설법

재관은 권한을 가지고 사람을 주재하는 관공직의 사람이라고 할 수 있습니다. 요즈음의 공무원이라 할 수 있습니다.

바라문의 몸으로 응화하여 제도할 자가 있으면, 곧 바라문의 몸을 나타내어 그를 위해 법을 설하고

應以婆羅門身得度者 卽現婆羅門身而爲說法
응이바라문신득도자 즉현바라문신이위설법

바라문은 고대인도 사성제 계급 중에서 카스트의 가장 높은 자리, 주로 힌두교 성전을 학습하고, 교수나 다양한 제사를 치루는 것을 소임으로 하는 자를 말합니다.

비구·비구니·우바새·우바이의 몸으로 응화하여 제도할 자가 있으면, 곧 비구·비구니·우바새·우바이의 몸을 나타내어 그를 위해 법을 설하며

應以比丘比丘尼 優婆塞優婆夷身得度者 即現比丘比丘尼
응이비구비구니 우바새우바이신득도자 즉현비구비구니

優婆塞優婆夷身 而爲說法
우바새우바이신 이위설법

비구·비구니·우바새·우바이는 불교의 사부대중四部大衆을 말합니다. 걸식자의 뜻을 갖는 비구는 남자 출가자로서 250계를 받고 수행을 하며, 걸사녀乞士女란 의미를 갖고 있는 비구니는 여자 출가자로서 348계를 받고 수행을 합니다. 우바새는 남자 재가신도이고, 우바이는 여자 재가 신도입니다. 우바새·우바이는 출가자의 수행을 돕는 보시자의 역할을 합니다.

장자·거사·재관·바라문 부인의 몸으로 응화하여 제도할 자가 있으면, 곧 부인의 몸을 나타내어 그를 위해 법을 설하고

應以長者 居士 宰官 婆羅門婦女身得度者 即現婦女身而爲說法
응이장자 거사 재관 바라문부녀신득도자 즉현부녀신이위설법

장자·거사·재관·바라문의 아내를 말합니다.

흔히 관세음보살을 여성이라고 말하는 분들이 계십니다. 그러나 관세

음보살은 남성과 여성의 성性을 초월하여 나타나시며, 그 모습으로 우리를 구제하십니다. 성의 구별은 우리들이 하는 것입니다.

제게 오신 관세음보살님도 여인의 몸을 나타내시어 설함이 없는 법을 설하시곤 하였습니다.

동남·동녀의 몸으로 응화하여 제도할 자가 있으면, 곧 동남·동녀의 몸을 나타내어 그를 위해 법을 설하고

應以童男童女身得度者 卽現童男童女身而爲說法
응이동남동녀신득도자 즉현동남동녀신이위설법

동남·동녀는 남자아이와 여자아이를 말합니다. 아이들은 천진난만합니다. 그래서 천진도인은 아이들과 같이 때 묻지 않고 순수한 마음을 가졌다고 합니다.

남해 보리암에서 벽을 바라보고 좌선을 하는데, 어느 날 어떤 한 남자아이가 벽에서 나타나서는 저에게 절을 하는 것이었습니다. 얼떨결에 저도 같이 절을 하게 되었습니다.

천·용·야차·건달바·아수라·가루라·긴나라·마후라가·인·비인 등의 몸으로 응화하여 제도할 자가 있으면, 곧 그들에게 모두 나타내어서 법

을 설하고

應以天 龍 夜叉 乾闥婆 阿修羅 迦樓羅 緊那羅 摩睺羅伽
응이천 용 야차 건달바 아수라 가루라 긴나라 마후라가
人非人等身得度者　即皆現之而爲說法
인비인등신득도자　즉개현지이위설법

천·용·야차·건달바·아수라·가루라·긴나라·마후라가는 팔부신중八部神衆이라 불리는 불교의 호법신입니다.

천天은 하늘입니다. 하늘 그 자체입니다. 관세음보살을 믿고 열심히 관음염불을 하다보면 하늘이 자신을 지켜보는 것을 알게 됩니다. 그래서 악한 일은 하지 못하게 되고, 착한 생각과 행동을 하게 됩니다. 그 하늘이 관세음보살의 응화신입니다.

용은 상상의 동물이라고 말을 합니다. 그러나 용을 타고 교화하시는 용두관세음보살이 불법에 귀의한 사람을 지켜주십니다.

야차는 앞에서 설명했듯이 악귀입니다. 관세음보살은 중생들의 근기에 따라 모든 중생을 구제하시기에 악귀에게는 악귀로 나타나십니다.

건달바는 인도신화의 요정의 이름입니다. 천계에 살며 신들의 음료수인 소마주를 수호합니다. 불교에 들어와서 팔부중八部衆의 하나가 되었으며, 긴나라와 함께 제석천을 모시고 음악을 연주한다고 합니다.

아수라는 우리가 알고 있는 싸움을 좋아하는 신입니다. 처음에는 착한 신이었으나 후에 악신이 되어서 언제나 인드라신과 싸우거나 혹은 해와 달과 싸우는 자가 되었다고 합니다. 수미산의 큰 바다 밑에 그 주거가 있다고 합니다.

가루라는 금시조라고도 불립니다. 인도신화에 나오는 큰 새입니다. 용을 잡아먹고 양 날개를 펴면 336만 리나 되며, 날개는 금색입니다.

긴나라는 하늘의 악사樂士입니다. 아름답고 묘한 음성을 가진 춤과 노래를 잘하는 하늘의 악신입니다.

팔부중八部衆의 마지막인 마후라가는 뱀 신입니다.

인은 사람입니다. 앞의 사람의 모습에 나타나지 않는 모든 사람들을 말합니다.

비인의 해석에는 여러 가지가 있지만, 축생과 곤충에서부터 모든 유정(有情, 감정이나 의식을 가진 것)과 무정(無情, 정신작용이 없는 것)을 가리킨다고 보면 됩니다. 이렇듯 관세음보살은 무수한 방편으로 헤아릴 수 없이 수많은 몸을 나타내어 중생을 제도하고 계시다는 것입니다.

집금강의 몸으로 응화하여 제도할 자가 있으면, 곧 집금강의 몸을 나타내어 그를 위해 법을 설하며

應以執金剛身得度者　即現執金剛身而爲說法
응 이 집 금 강 신 득 도 자　즉 현 집 금 강 신 이 위 설 법

집금강신은 금강역사金剛力士입니다. 가장 강력한 무기인 금강저를 가진 신입니다. 부처님의 곁에서 언제나 호위를 맡으며, 비범한 자가 있으면 금강저를 휘둘러 무찌른다고 합니다.

무진의여, 이 관세음보살은 이와 같은 공덕을 성취하여 갖가지의 모습으로 모든 국토를 다니면서 중생을 제도하고 해탈케 하느니라.
　無盡意 是觀世音菩薩成就如是功德 以種種形 遊諸國土 度脫衆生
　무진의　시관세음보살성취여시공덕　이종종형　유제국토　도탈중생

관음경은 19단으로 나누어서 관세음보살의 32응화신을 말씀하고 계십니다. 그러면 관세음보살의 32응신을 다시 한 번 확인해 보겠습니다.

1. 부처님 2. 벽지불 3. 성문 4. 범왕 5. 제석 6. 자재천 7. 대자재천 8. 천대장군 9. 비사문 10. 국왕 11. 장자 12. 거사 13. 재관 14. 바라문 15. 비구 16. 비구니 17. 우바새 18. 우바이 19. 부인 20. 남자아이 21. 여자아이 22. 천 23. 용 24. 야차 25. 건달바 26. 아수라 27. 가루라 28. 긴나라 29. 마후라가 30. 사람 31. 비인非人 32. 집금강

거듭 말씀드리지만 비록 경전에 나오는 변화신은 32응신뿐입니다. 그

러나 관세음보살의 응화신은 무량무변하다고 생각해야 됩니다.

관세음보살의 응화신은 멀리 있는 것이 아닙니다. 관세음보살님께 예배 공양하고 관세음보살에 대한 생각을 잊지 아니하면 언제 어디에 있든지 모습에 구별 없이 나투시어 이끌어주십니다. 그러기에 우리들도 모르는 순간 관세음보살님은 나를 스쳐 지나치기도 하고, 나를 바라보기도 합니다. 항상 정신을 차려야하는 까닭이 여기에 있습니다. 자장율사도 스스로 찾아오신 문수보살을 놓쳤습니다.

내 주위에 있는 모든 것을 관세음보살로 바라봅시다.

중요한 것은 관세음보살님의 큰 가피를 입으면 나 자신도 32응신이 되어서 중생을 교화한다는 것입니다.

관음경은 보살이 바르게 살아가는 길을 제시해주는 경전입니다.

제5장

참된 보살마하살

• 편안함을 주는 자가 보살이다 •

이러하기 때문에 그대들은 일심으로 관세음보살께 공양해야 하느니라.

이 관세음보살마하살은 두렵고 다급한 재난 속에서도 두려움을 없게 하나니, 이런 까닭에 사바세계에서 모두 '두려움을 없게 하고 편안함을 주는 자'라 하느니라.

是故汝等 應當一心供養觀世音菩薩 是觀世音菩薩摩訶薩
시고여등 응당일심공양관세음보살 시관세음보살마하살
於怖畏急難之中能施無畏 是故此娑婆世界 皆號之爲施無畏者
어포외급난지중능시무외 시고차사바세계 개호지위시무외자

행복의 조건은 무엇입니까?

우리들이 끊임없이 생각하고 추구하는 돈·명예·권력이겠습니까? 부처님께서는 'No'라고 수없이 반복하셨습니다. 부처님은 '반야의 삶'에서 해답을 찾으라고 하셨습니다. 반야의 삶은 어디에도 집착하지 않고 열심히 살아가는 행복한 인생을 말합니다. 그러한 삶속에서 걸림 없는 자비의 샘물이 솟아납니다. 자비의 샘물은 아름답고 밝은 꽃들을 사시사철 피어나게 합니다.

깨끗하고 아름다운 자비의 샘물이 내 몸과 마음에서 머물지 않고 끊임없이 흐른다면 그것이 바로 진정한 행복입니다. 자비의 샘물은 두렵고 다급한 재난과 재앙 속에서도 두려운 마음을 사라지게 하고 편안함과 안락을 갖게 합니다. 자비의 샘물은 일심으로 '관세음보살'께 공양함으로써 솟아납니다.

관세음보살을 일심으로 공양하고, 칭명하는 것은 훌륭한 수행방법입니다. 관음염불수행은 자력自力과 타력他力을 갖춘, 만 사람이 닦으면 만 사람이 다 깨달음을 얻는 방법입니다.

송나라 영명연수선사 사료간四料簡 중에는 이런 말씀이 있습니다.

참선도 있고 염불공덕도 있으면
마치 뿔 달린 호랑이와 같아

현세에는 인간의 스승이 되고
장래에는 부처나 조사가 될 것이다.

관음염불은 염불과 참선을 같이 병행할 수 있는 뛰어난 수행법입니다. 관음염불은 이치(理, 이상세계)와 현상(事, 현실세계)을 동시에 갖출 수 있는 높은 수행법입니다.

반야심경에 따르면 관자재보살(=관세음보살)은 반야바라밀의 완성자입니다. 반야심경은 부처님이 지혜제일의 제자인 사리불존자에게 반야를 가르치는 내용입니다. 사리불존자에게, '온 세상을 공으로 바라보고 공을 체득하여 중생을 이롭게 하라' 고 가르침을 주는 내용이 반야심경인 것입니다. 관세음보살님을 원통교주圓通敎主라 하는 것도 바로 저 덕을 칭송하여 일컫는 말입니다.

관음염불은 끝없이 편안한 마음에 머물게 합니다.

관음염불을 열심히 하게 되면 내 마음의 두려움을 물리치고 밖의 현상에 크게 집착하지 않기 때문에 편안한 마음을 유지할 수 있습니다. 관음행자는 마음이 어질고 인자한 사람이 되어갑니다. 다른 이를 위해서 편안함을 주어야 진정한 관음수행자가 되는 것입니다. 따라서 다른 분들을 대할 때 '참 편안하다' 는 소리를 듣는다면, 그 공부가 익어간다고 볼 수 있습니다. 진정으로 관음행자로 입문하게 되는 것이지요.

그렇게 하기 위해서는 끊임없이 간절하게 관세음보살을 불러야 합니다. 그럼으로써 스스로 환골탈태換骨奪胎하여 새로운 인간으로 재탄생하는 것입니다. 일상생활 중에도 관세음보살이 나오고, 말을 할 때나 정신없이 바쁠 때에도 관세음보살이 끊임없이 나와야 합니다. 그럴 때 관세음보살이 항상 같이하며 깨달음이 나를 떠나지 않을 것입니다. 관세음보살님을 높여서 도량교주道場敎主라 부르는 까닭이 여기에 있습니다.

관음경은 반야바라밀과 진공묘유의 실상을 나타낸 대승의 바르고 알맞은 가르침입니다. 그렇기에 관음경에는 원통회상의 불보살님이 모두 모여 계십니다.

• 보살의 업 – 자비와 보시 •

무진의보살이 부처님께 사뢰었다.
"세존이시여 제가 지금 관세음보살께 공양을 올리겠습니다."
하고는 온갖 보배구슬로 장식된 백천 냥 금의 가치가 있는 목걸이를 풀어 바치면서 말을 하였다.
"인자이시여, 이 법시法施인 진귀한 보배 목걸이를 받아주소서."
이때에 관세음보살이 받지 않으시니, 무진의보살이 다시 관세음보살께 말하였다.
"인자이시여, 저희들을 불쌍히 여기시어 이 목걸이를 받으소서."

無盡意菩薩白佛言 世尊 我今當供養觀世音菩薩 卽解頸衆寶珠瓔珞
무진의보살백불언 세존 아금당공양관세음보살 즉해경중보주영락
價值百千兩金 而以與之 作是言 仁者 受此法施珍寶瓔珞
가치백천냥금 이이여지 작시언 인자 수차법시진보영락
時觀世音菩薩不肯受之 無盡意 復白觀世音菩薩言 仁者 愍我等故
시관세음보살불긍수지 무진의 부백관세음보살언 인자 민아등고
受此瓔珞
수차영락

이 단락에서는 대개 두 가지의 질문이 던져집니다.

첫 번째는 무진의보살이 목걸이인 재물을 보시하면서 왜 법시法施인 목걸이를 받아달라고 했을까? 하는 것이며, 두 번째는 관세음보살님은 무진의보살이 공양올린 백천 냥 금의 목걸이를 왜 받지 않았을까? 하는 의문입니다.

우리는 저마다 사찰이나 스님에게 개인적으로 보시를 합니다. 보시는 남을 위하여 기쁜 마음으로 물건이나 마음을 베푸는 것입니다. 보시는 일반적으로 세 가지로 나누어 말합니다.

재시財施: 재물이나 물건 따위를 보시하는 것.

법시法施: 부처님 말씀인 경전과 법을 보시하는 것.

무외시無畏施: 두려움을 없애주는 보시. 남을 위해 친절을 베풀거나 밝은 미소로서 기쁨을 주는 등 마음을 보시하는 것.

그런데 무진의보살은 보살님들이 걸고 있는 목걸이인 영락瓔珞을 보시하면서 '법시인 목걸이'를 받으라고 한 것입니다.

무진의보살은 부처님의 법문을 듣고 환희심에서 자신이 하고 있는 목걸이를 벗어서 보시하였습니다. 그렇습니다. 무진의보살은 이미 '관음위신력'의 법을 알았고, 관세음보살을 존경하는 마음에서 자신의 가장 소중한 것을 보시하였습니다. 정성스러운 마음, 존경하는 마음, 순수한 마음에서 우러나온 보시인 것입니다. 이러한 보시는 위의 세 가지 보시를 모두 포섭할 수 있습니다. 마음을 어떻게 먹고 쓰느냐에 따라 재시도 법시가 되고,

법시가 무외시가 되며, 무외시도 재시가 되는 것입니다. 스님들이 예불을 올리고 축원을 하는 이유가 여기에 있습니다.

  수행도 마찬가지입니다. 염불수행도 생각과 마음을 자신의 성품에 두고 염불하면 자력인 참선이 되는 것이고, 오로지 마음 밖의 관세음보살에게만 의존하고 관세음보살을 부르면 타력수행이 되는 것입니다.

  세상살이도 마찬가지입니다. 사람들은 노력하기보다는 행운을 바라고, 기다리기보다는 한순간에 얻어 지길 바랍니다. 그러다보니 여건이 충족되지 않았는데도 높기만 한 자신의 꿈을 향해 나아가다 쉽게 지쳐 포기하는 일도 많습니다. 하지만 바르고 굳은 마음으로 자신의 꿈을 향해 꾸준히 노력을 하다보면 어느새 정상에 올라와있는 자신을 보게 될 것입니다. 세상사 모든 일은 어떤 마음을 먹고, 어느 마음을 쓰느냐에 달려있습니다.

  그 마음을 관음경에서는 청정한 꿈과 관음염불에 두었던 것입니다.

  그렇다면 두 번째 의문인, 무진의보살이 공양올린 백천 냥 금의 목걸이를 관세음보살님이 받지 않은 까닭은 무엇일까요? 어떤 분은 우스갯소리로 목걸이는 관세음보살에게도 있기 때문에 받지 않았다고 말씀하시기도 합니다만, 이 의문의 정확한 답은 아마도 관세음보살님만 알 수 있지 않을까 싶습니다.

  다만, 저라면 하심下心에서 찾을 수 있다 하겠습니다. 하심은 자신을 낮추는 것입니다. 일체 만물에 자신을 낮추어 자비심을 만드는 것입니다. 익은 벼가 머리를 숙이듯 불자들은 끊임없이 자신을 낮추어 공부를 익게 하고, 자신의 복덕을 두텁게 만들어야 합니다. 석가모니 부처님께서는 심지어 사람의 뼈 무더기에도 절을 하셨습니다.

하심이 불심이요, 불심이 하심입니다.

관세음보살은 무진의보살의 청정한 마음에서 우러나온 보시를 알기에 선뜻 받지 못하였던 것입니다.

관삼륜청정觀三輪淸淨.

삼륜이 청정함을 관觀하라는 말씀입니다. 삼륜은 보시하는 사람, 보시를 받는 사람, 보시하는 물건을 말하며, 청정은 아무 욕심이 없이 맑고 깨끗하다는 뜻입니다. 삼륜청정은 보시하는 사람과 보시를 받는 사람과 보시하는 물건이 모두 공空하여 청정한 것이며, 주어도 준 바가 없고 받아도 받은 바가 없는 것입니다.

그때에 부처님께서 관세음보살에게 말씀하셨다.

"이 무진의보살과 사부대중·천·용·야차·건달바·아수라·가루라·긴나라·마후라가·인·비인 등을 불쌍히 여겨서 이 목걸이를 받으라."

곧바로 관세음보살은 사부대중과 천·용·인·비인 등을 불쌍히 여겨서 목걸이를 받은 다음, 둘로 나누어서 한몫은 석가모니부처님께 바치고 한몫은 다보부처님 탑에 바치었다.

"무진의여, 관세음보살은 이와 같은 자재한 신통력이 있어서 사바세계에 다니느니라."

爾時佛告觀世音菩薩　當愍此無盡意菩薩及四衆　天　龍　夜叉　乾闥婆
이시불고관세음보살　당민차무진의보살급사중　천　용　야차　건달바

阿修羅　迦樓羅　緊那羅　摩睺羅伽　人非人等故　受是瓔珞
아수라　가루라　긴나라　마후라가　인비인등고　수시영락

即時觀世音菩薩愍諸四衆　及於天龍　人非人等　受其瓔珞　分作二分
즉시관세음보살민제사중　급어천용　인비인등　수기영락　분작이분

一分　奉釋迦牟尼佛　一分　奉多寶佛塔　無盡意
일분　봉석가모니불　일분　봉다보불탑　무진의

觀世音菩薩有如是自在神力　遊於娑婆世界
관세음보살유여시자재신력　유어사바세계

부처님께서는 관세음보살의 마음을 알기에 얼른 목걸이를 받으라고 권유하셨습니다.

보살의 마음은 무엇이겠습니까? 보살의 이념을 나도 이롭고 남도 이롭게 하는 '자리이타' 自利利他라고 하지만 보살은 중생을 향한 마음에 더욱 무게를 두는 것입니다. 하니 부처님과 다름이 없는 관세음보살의 마음이야 무슨 말이 더 필요하겠습니까. 보살은 자신에게 돌아오는 보시나 재물을 받으면 중생을 먼저 생각하는 버릇이 있습니다. 누구는 무엇 때문에 이 물

건이 필요하고, 누구는 지금쯤 돈이 필요하겠지…. 자신의 것은 어디에도 없습니다.

그렇기 때문에 보살은 무엇을 가지고 있다 해도 실은 자신의 것이 없습니다. 중생들을 위해 쓰려고 저축해 놓는 것이지요. 중생을 위해 아무리 쓰고 또 써도 없어지지 않고, 새어나가지도 않는 자비의 복을 담은 포대화상의 바랑은 이러한 보살의 성품을 잘 보여줍니다.

하지만 보살은 신심을 먹고 산다는 것을 잊어서는 안됩니다.

내게는 버릇이 하나 있습니다. 언제부터 이 버릇을 들였는지는 정확히 모르겠습니다. 다만 내가 그 버릇에 길들여져 있어 늘 그렇게 생각하고 행동하기에 익숙하다는 것입니다.

그 버릇이란 내 물건을 사람들에게 내주는 것입니다. 신도님들께 받은 보시물이나 필요해서 사둔 물건도 누군가에게 필요하다고 생각되면 조건 없이 줘 버립니다. 이것은 이분이 필요하겠다. 저 물건은 저분에게 필요하겠다, 이 사람한테 드려야 되겠다, 저 사람한테 드려야 되겠다. 그런 생각에서 드리면 어떤 분은 놀라서 받지 않으려 하고, 어떤 분은 고맙다며 받으십니다. 뿐만 아니라 요즘 들어서는 보시가 들어오면 무조건 받는 습관이 하나 더 늘었습니다.

이런 나의 습관을 보고 어떤 비구니스님은 물건을 너무 쉽게 버린다고

도 말씀하십니다. 물론 나는 버리는 것이 아닙니다. 그저 그분들이 좋아서 무심결에 일어난 생각을 옮겼을 뿐이지요.

주고 또 주고 싶은 것이 보살의 마음입니다.

옛날 어른스님들의 삶은 그러한 모습을 잘 보여줍니다. 수행을 잘한 스님은 보시물품을 받아놓았다가 상좌스님들이나 인연 닿는 이에게 조건 없이 내주곤 하셨습니다. 그런 마음에서 도심이 피어나고, 도가 열린다고 하였습니다.

하지만 지금의 우리 승가는 어떻습니까. 대외내적으로 좋은 일을 하시는 분들도 많이 계시기는 하지만, 자신의 물건이 창고에서 썩어문드러져도 다른 사람에게는 절대로 주지 않는 인색한 스님도 계십니다. 인색한 마음은 절망한 마음입니다. 인색함은 닫힌 마음입니다. 인색한 마음은 메마른 우물입니다. 그곳에서 어떻게 대자대비하신 관세음보살님의 마음 싹이 피어나겠습니까.

수행이 깊을수록 배려하는 마음도 깊어집니다.

나의 공부가 바른 길로 가고 있는가를 확인하고 싶다면 배려하는 마음이 있는지, 아낌없이 보시할 수 있는지를 확인해 보면 되는 것입니다. 자기를 속일 수는 없을 테니까요.

관세음보살은 목걸이를 받은 다음 둘로 나누어서 한몫은 석가모니부처님께 보시하고 한몫은 다보부처님 탑에 보시하였습니다.

보시는 보살들의 업業입니다.

보살의 실천 덕목인 육바라밀六波羅蜜을 보면 보시가 제일 앞에 나와 있습니다. 그만큼 보시가 가장 기본적이며, 중요하다는 것입니다.

보시는 몸에 배어 있지 않으면 잘 실천이 되질 않습니다. 하지만 익숙해지면 보시만큼 좋은 것도 없습니다. 우리 주위에는 아낌없이 남을 위해 봉사하고 보시하는 분들이 많이 계십니다. 그런 분들일수록 항상 웃는 얼굴이어서 다른 분들에게 따뜻한 정을 느끼게 합니다. 그렇습니다. 보시는 분명 남을 위하는 일이지만, 더 깊이 들어가면 나 자신을 위하는 일입니다.

보시는 나의 수행을 완성하는 일입니다.

옛 어른 스님들은 자신의 공부를 위하여 남몰래 쌀가마니를 짊어다가 어려운 집 문 앞에 놓곤 하였습니다. 실로 정성껏 보시를 하면 어려운 일들이 풀리고, 뜻하지 않는 좋은 일들이 벌어집니다.

『대승기신론』에서는 자신의 능력에 따라서 보시를 하라고 하셨습니다. 넉넉하면 조금 더 많이, 부족하면 부족한 대로 보시에 동참합시다. 나의 공부도 점점 깊어질 것입니다.

보시는 세상에 밝은 빛을 비쳐주는 등불입니다.

제 6 장

노래로 찬탄하다

• 끊임없이 불러야 할 원력보살 願力菩薩 •

그때에 무진의보살이 게송으로 여쭈었다.

爾時 無盡意菩薩 以偈問日
이시 무진의보살 이게문왈

묘한 상호를 구족하신 세존이시여　　世尊妙相具 세존묘상구

제가 지금 다시 여쭈옵니다.　　　　　我今重問彼 아금중문피

불자는 어떤 인연이 있어서　　　　　佛子何因緣 불자하인연

관세음이라 하옵니까?　　　　　　　名爲觀世音 명위관세음

무진의보살이 게송으로 다시 여쭈겠다는 대목이 나옵니다.

이 대목은 관음경의 첫 부분, "그때에 무진의보살이 자리에서 일어나 옷을 한쪽으로 치우쳐 오른쪽 어깨를 드러내고, 부처님 계신 곳을 향해 합장을 하고 이런 말을 하였다."는 내용과 비슷한데, 뒤에도 앞부분과 비슷한 내용이 반복되어 게송으로 나올 것입니다.

경전에서는 이렇게 산문으로 된 앞의 부분을 장행長行 또는 장항이라 하며, 지금처럼 부가하여 게송으로 말씀하신 부분은 중송重頌이라고 합니다. 장행은 이야기 형식으로 법을 설하는 내용이며, 중송은 시나 게송과 같은 노래의 형식으로 앞부분의 내용을 거듭 말씀하면서, 강조를 하는 것입니다.

관음경의 중송은 원래 따로 번역되어 지송되어 오던 것을 뒷날 장행 뒤에 합하여 한 권으로 합본한 것입니다. 일본불교에서는 이 중송 부분만 따로 독송하는 모임도 많다고 합니다. 장행은 인도승려 구마라집에 의해 요진姚秦시대에 번역되었으며, 중송은 수나라 천축사문天竺沙門 사나굴다 스님이 북주北周의 무제 때 번역하여 유통시켰는데 그 내용은 산문으로 번역한 장행과 같습니다.

운문으로 번역한 중송은 내용이 정갈하고 아름다우며, 폭포수가 떨어지는 것처럼 힘찬 느낌을 주는데, 어떤 부분은 독송하는 이에게 관세음보살의 마음을 바로 알게 해서 깨달음의 눈물을 흘리게도 합니다.

무진의보살이 묻습니다.
"불자는 어떤 인연이 있어서 관세음이라 하옵니까?"

이 물음에는 제가 좋아하는 「관음예문」의 한 대목이 좋은 대답이 될 것 같습니다.

관세음보살 밝은 흰옷을 입으시니
눈동자가 자비의 빛으로 바뀌고
푸른 연꽃에 앉으신 몸은
백 가지 복으로 장엄하셨네.
고통과 액난을 받은 중생이
관세음보살을 찾는 울림을 듣고
애달피 구하는 소리를 관찰하고
그 고통을 건져주시니
하늘에 달이 나타나는 것이
온갖 물에 형상을 나투는 거와 같아서
온 세상에 봄기운이 두루 하니
꽃향기가 사방에 퍼지네.
대비大悲 · 대원大願 · 대성大聖 · 대자大慈의

성스런 흰옷의 관세음보살 마하살이시여.

묘한 상호를 구족하신 세존께서 　　具足妙相尊 구족묘상존
게송으로 무진의에게 대답하셨다. 　　偈答無盡意 게답무진의
그대는 들으라. 위대한 관음행이 　　汝聽觀音行 여청관음행
어느 곳이든지 잘 응應하느니라. 　　善應諸方所 선응제방소

'위대한 관음행'이란 관세음보살이 자비로서 우리 중생들을 구제하시는 것을 말합니다.

지금 이 세계에서 진정한 구세주는 누구입니까? 그것은 장소와 사람을 가리지 않고 나타나서, 모든 사람들이 바라는 대로 이루게 하고 이끄는 자입니다. 그분이 바로 관세음보살입니다.

출가해서 처음 기도를 한 곳이 관음도량인 남해 보리암이었습니다. 보리암은 관음기도로 유명한 도량이어서 사람들이 끊이지 않고 찾아오는 곳입니다. 그런데 어느 날 한 처사님이 이런 말을 했습니다.

"이렇게 많은 사람들이 관세음보살의 가피를 바라는데, 이제는 관세음보살님도 이곳저곳을 다니시느라 힘이 다 떨어졌다."

저 말에 함께 있던 대중들이 모두 웃은 적이 있었습니다. 하지만 과연 그럴까요? 걱정하지 마십시오. 관세음보살의 힘은 영원합니다. 그러면 또

이렇게 물을 것입니다.

"우리가 사는 곳은 3차원의 세계입니다. 4차원의 세계에도 관세음보살의 자비행이 통할까요?

물론입니다. 차원은 우리들이 만들어 놓은 울타리입니다.

관세음보살은 차원과 세계를 초월한 적멸寂滅의 궁전에 편안히 계십니다.

넓고 깊은 서원 바다와 같고	弘誓深如海 홍서심여해
불가사의한 세월을 지나는 동안에	歷劫不思議 역겁불사의
천억의 부처님을 모두 모시고	侍多千億佛 시다천억불
크나큰 청정한 원을 세우셨네.	發大淸淨願 발대청정원

인간들은 자격 조건을 많이 붙입니다. 입사자격, 대출자격, 선거자격 등 인생사가 자격이라는 틀에서 벗어나지 않는 것 같습니다.

그렇다면 보살도 자격 조건이 있는 줄 아시는지요? 보살이 보살다우려면 자격이 있어야 합니다. 첫 번째는 관세음보살처럼 넓고 큰 원력이 있어야 합니다. 두 번째는 많은 세월동안 수행을 해야 합니다. 세 번째는 지혜와 자비가 깃들어져야 합니다. 이 세 가지를 갖추면 진정한 보살의 대열에 합류할 수 있으며, 진정한 행복이 무엇인지 알게 될 것입니다.

그리고 몸과 마음에서 청정한 빛이 흘러나올 것입니다.

내가 그대를 위해 간략히 말하노니　　我爲汝略說 아위여약설
명호를 듣고 몸을 보아서　　　　　　　聞名及見身 문명급견신
마음과 생각에서 잊지 아니하면　　　　心念不空過 심념불공과
능히 모든 고난과 고통이 없어지리라.　 能滅諸有苦 능멸제유고

염불이란 마음과 생각에서 부처님을 잊지 않는 것입니다.

우리들은 관음기도를 하면서 많은 생각을 하게 됩니다. 관음기도는 관세음보살이 끊이지 않고 생각되어야 하는데, 그것이 도통 어려운 게 아닙니다. 그러나 쉬지 않고 밀어붙인다면 그 또한 어려운 일만은 아닐 것입니다.

제 경험으로 본다면 전문 기도도량에서 1년 정도 열심히 하게 되면 일념一念을 만들 수 있지만, 대략 3년 정도의 시간이 걸리는 듯합니다. 물론 사람마다 차이가 있고, 얼마나 열심히 하느냐에 따라서 달라질 수 있습니다.

미국의 등반가 마크 웰먼은 22살 때 등산을 하다가 떨어져 하반신이 완전히 마비된 장애인입니다. 그런 그가 1천 미터에 달하는 캘리포니아의 암벽 엘 카피탕에 오르기로 결심을 합니다.

돌이킬 수 없는 장애를 안고 산 7년의 세월들. 그는 두 팔로만 암벽을 오르기 위해 꾸준히 연습하며, 빈틈없는 사전준비를 하였습니다. 정상 정복에 나서는 날, 마크는 친구가 암벽에 걸어준 로프를 잡았습니다. 한 번에 15센티미터씩 올라간 그는 9일 동안 7천 번이나 로프를 당겨 위로 올라갔습니다. 그리고 마침내 정상에 오를 수 있었습니다. 그는 자신의 성공에 대해 이렇게 말했습니다.

"불가능할 것만 같아도 계속 15센티미터씩만 나아가겠다고 생각하면 못할 것도 없습니다."

정말 힘이 드는 건 수행을 완성하겠다는 조바심입니다. 수행은 끝이 없는 것입니다. 그러나 천천히 한걸음 내딛는 것에 집중을 하고 습관을 들이다 보면 조금씩 정상으로 올라가는 자신을 바라볼 것입니다.

기도를 하게 되면, 망상이 망상을 낳고, 망상이 집을 지어서 그 망상의 집에 집착하는 것이 문제가 됩니다. 대개 100일 기도를 시작하면 70일쯤 되면 그것이 발동하게 됩니다. 일명 마장이라고 합니다.

'내 기도가 이루어질까? 관세음보살님이 나의 소원을 들어주실까?'

이런 경계가 닥쳐도 오로지 관음염불에만 신경을 쓰면 기도 성취가 이루어지는데, 망상을 흘려보내지 못하고 생각 안에 가두어 두니 말썽이 생기는 것입니다.

때로는 '관세음보살을 부르면 산에서 떨어져도 죽지 않는다고 했는데…, 관세음보살을 생각하면 고통에서 벗어날 수 있다고 하는데…' 하면서 이런 것들을 행동으로 옮기는 분들이 있기도 합니다. 어느 스님은 목탁을 치며 관세음보살 부르면서 낭떠러지에서 몸을 던졌고, 또 어떤 스님은 고통에서 벗어나는지 알고 싶어 자신의 손가락을 도끼로 자르는 일도 있었습니다. 물론 그 결과는 참담합니다. 그런 것이야말로 망상이며, 관세음보살님을 시험하는 허망한 짓입니다. 거기에는 가피가 있을 수 없습니다.

우리는 단지 관세음보살을 부를 뿐입니다.

때가 되면 기도는 자연스럽게 성취됩니다. 그땐 몰라보게 바뀐 자신이 관세음보살의 지혜와 자비로 세상을 포근하게 덮고 있을 것입니다.

• 찾는 만큼 닮아가는 대행보살 大行菩薩 •

가령 헤치려는 생각을 하는 사람이	假使興害意 가사흥해의
큰 불구덩이에 밀어서 떨어뜨려도	推落大火坑 추락대화갱
관세음보살을 생각하는 힘으로	念彼觀音力 염피관음력
불구덩이가 연못으로 변하리라.	火坑變成池 화갱변성지

    여기부터의 중송重頌 노래는 인간이 겪는 재난을 12가지로 나누고 있습니다. 그러한 재난이 닥쳐도 관세음보살을 생각하는 힘으로 고난과 고통에서 벗어날 수 있다는 것입니다. 이 12난은 앞부분 장행長行의 7난을 더욱 상세하게 나눈 것입니다.

    중송에서 말하는 12난은 다음과 같습니다.

1. 불구덩이의 난	2. 바다의 난	3. 수미산에서의 난
4. 금강산에서의 난	5. 원적의 난	6. 사형의 난
7. 가쇄의 난	8. 저주와 독약의 난	9. 귀신의 난
10. 맹수의 난	11. 독사와 전갈의 난	12. 큰비의 난

    '염피관음력'은 옛날부터 두 가지로 해석해 왔습니다. 첫 번째는 관세

음보살을 생각하는 힘으로, 두 번째는 관세음보살의 위신력을 생각함으로가 그것입니다. 관세음보살을 생각하는 힘은 자력自力이고, 관세음보살의 위신력을 생각하는 것은 타력他力이라는 것이지요.

관세음보살을 하나로 모으고 집중하는 생각과 마음은 자력이고, 오로지 관세음보살께 의존하려는 것은 타력입니다. 자력과 타력은 불교에서 늘 논란이 되는 문제지만, 이 관음경에서만큼은 논란이 되지 않습니다. 왜냐하면 자력이 타력이요, 타력이 자력인 것입니다. 관세음보살을 칭명하는 것은 자력을 바탕으로 하는 타력이며, 관세음보살의 힘을 생각하는 것은 타력을 바탕으로 한 자력인 것입니다. 그러므로 두 가지 해석이 모두 맞습니다.

저는 관세음보살을 생각하는 힘으로 해석했습니다. 왜냐하면 관세음보살을 생각하는 염불은 우리 모두가 관세음보살이 되는 것이기 때문입니다.

불구덩이에 밀어서 떨어뜨릴 때 관세음보살을 지극정성으로 생각하면, 그분의 위신력으로 불구덩이가 연못으로 변합니다. 관세음보살의 위신력을 깊이 믿고, 끊임없이 참구해나가면 관세음보살의 위대한 능력을 이해하고 터득하여 기적이 생기는 것입니다.

정말로 중요한 것은 내 마음의 탐욕과 성냄의 불덩어리입니다.

남이 밀어서 떨어진 불구덩이는 금생에서 끝나지만, 마음 안의 불덩어리는 세세생생 자신을 따라다닙니다. 마음 안의 불덩어리는 탐욕심입니다. 탐욕의 불길은 모든 것을 자기 것으로 만들려고 하는 데서 비롯됩니다. 그

불구덩이는 누가 만든 것이 아닙니다. 자신이 함정을 파놓고 그 함정에 빠져서 괴로워하는 거와 같습니다.

못의 녹이 몸에서 스스로 만들어 내듯이, 나방이 불길을 탐하여 죽을 줄 모르고 뛰어들듯이 우리들은 저마다 가지고 있는 탐심에 물들어 있습니다. 세세생생 자기를 따라다니는 탐욕과 불의 재난을 벗어나기 위해서는 항상 자신을 변화시켜나가야 합니다. 변화의 주체는 관세음보살을 칭명하는 마음입니다. 다른 사람을 사랑하는 마음입니다. 한없이 베풀 수 있는 마음입니다. 그런 마음만이 내 안에서 활활 타고 있는 탐욕의 불길을 시원하게 꺼줄 수 있기 때문입니다.

혹은 큰 바다에 표류하면서	或漂流巨海 혹표류거해
용과 물고기와 모든 귀신의 난을 만나도	龍魚諸鬼難 용어제귀난
관세음보살을 생각하는 힘으로	念彼觀音力 염피관음력
파도가 그를 삼키지 못하리라.	波浪不能沒 파랑불능몰

두 번째 바다의 난입니다.

어릴 적 기억이 납니다. 제가 살았던 곳은 농촌으로 큰 개울이 있었습니다. 개울에는 물을 농수로 쓰기 위해 보를 막아놓았는데, 장마가 지고 나면 개울물이 보를 따라 세차게 흘러내렸습니다. 보 밑에는 큰 소용돌이가 맴돌고 있었습니다. 그 소용돌이에 휩쓸려 들어가면 살아 나오기가 힘든 곳이었습니다.

어느 여름날, 큰 장마가 난 뒤였는데 보에서 뛰어내리는 놀이를 하다가 그만 실수로 거센 소용돌이에 뛰어들고 말았습니다. 개울물은 정신없이 나를 때리면서 돌리는데, 어린나이에도 이것이 죽는 거구나 하는 생각이 들었습니다. 그러다가 잠깐 정신을 잃었고, 눈을 떴을 때는 개울 가장자리에 떠밀려 있었습니다.

지금도 놀란 가슴을 안고 집으로 돌아갔던 그때를 생각하면, 제가 전생에서부터 관음염불을 한 수행자라는 생각이 들곤 합니다. 전생의 수행이 관음 위신력으로 이어지지 않았다면 그런 위급한 상황에서 저절로 풀려날 리 없었을 테니 말입니다.

관음염불에서 힘을 얻거나, 관세음보살의 위신력을 입으신 분들은 관세음보살님과 더불어 세세생생 같이하는 것입니다.

'부처님처럼 위대하신 분이 또 있을까? 어떻게 생로병사의 고통을 간파하시고, 그 고통이야 말로 인간에게 있어서 가장 크고 근본적인 근심거리라는 것을 아셨을까.'

출가해 살아오면서 문득 느끼는 일이지만 생각하면 생각할수록 고개가 숙여집니다.

'혹은 큰 바다에 표류하면서…'

불교에서는 인간이 겪을 수밖에 없는 생로병사의 삶을 고해苦海로 표현합니다. 관음경에서 '큰 바다' 라 한 것도 생로병사에서 오는 고통이야말로 가장 근원적인 큰 번민거리이기 때문입니다. 그렇다면 이러한 고통의 근본 원인은 무엇일까요? 그것은 바로 우리들의 마음이 무명으로 인해 욕망의 바다에 빠져있기 때문입니다.

우리들의 본래 모습은 광음천의 신들처럼 빛과 소리를 먹고 마시며 자유롭게 사는 존재입니다. 하지만 욕망의 바다에 빠져들면서 윤회하는 존재가 되었고, 마침내는 그 욕망의 시커먼 바다 속에서 빠져나오지 못하는 것입니다.

탁한 물을 깨끗이 하고자 하면 맥반석으로 중화를 시키고 청정한 물을 자주 갈아주어야 합니다. 욕망에서 벗어나고 또다시 욕망에 쉽게 빠지지 않는 방법 또한 마찬가지입니다. 우선은 욕망에 찌든 마음을 정화시켜야 하며, 그 다음엔 더 이상 더렵혀지지 않도록 순수한 본래의 마음을 지키는 것입니다.

그렇게 욕망하는 마음을 정화시키며, 순수한 마음을 지키는 최고의 방법이 바로 관음염불입니다.

서산스님께서 「선가귀감」에서 말씀하셨습니다.

수본진심守本眞心이 제일정진第一精進이라.
본래의 참된 마음을 지키는 일이 으뜸가는 정진이다.

혹은 수미산 봉우리에서	或在須彌峯 혹재수미봉
어떤 사람이 밀어 떨어뜨려도	爲人所推墮 위인소추타
관세음보살을 생각하는 힘으로	念彼觀音力 염피관음력
해와 같이 허공에 머무르며	如日虛空住 여일허공주

세 번째 수미산에서의 난입니다.

수미산은 세계의 한가운데에 높이 솟은 거대한 산으로 불교 우주관의 중심을 이루는 산입니다. 그 수미산 봉우리에서 밀어 떨어뜨려도 관세음보살을 생각하는 힘으로 몸이 허공에 머무른다는 것입니다.

반야심경은 인간을 구성하는 정신과 물질적 요소인 오온(五蘊, 색·수·상·행·식)이 공하다고 말합니다. 결국 인간이라는 집합체가 허공과 다르지 않다는 말씀입니다. 그렇기에 허공에 머무를 수 있는 것입니다.

천지만물과 나는 원래 같은 몸입니다. 너와 내가 다름이 없고, 산과 바다가 다름이 없고, 광활한 우주도 다름이 없으며, 나무·돌·바람도 다름이 없습니다. 우리가 무엇이든 만들어내고 이룰 수 있는 까닭이 여기에 있습니다.

한 생각 돌이키고 나면 흐르는 시냇물이 시원한 물침대요, 하늘은 새털처럼 가볍게 나를 덮어줄 이불입니다. 관세음보살을 부르다 보면 이렇게 원래의 모습과 하나가 되어 가는 나를 만날 수 있습니다.

우린 둘이 아니라 하나입니다.

혹은 악인에게 쫓기게 되어	或被惡人逐 혹피악인축
금강산에 떨어지게 되더라도	墮落金剛山 타락금강산
관세음보살을 생각하는 힘으로	念彼觀音力 염피관음력
털끝 하나도 다치지 않으리라.	不能損一毛 불능손일모

금강산은 철위산鐵圍山이라고도 합니다. 세계의 외곽에 높이 솟은 산, 금강처럼 강하고 무너지지 않는 까닭에 금강산이라고 합니다.

이처럼 굳건한 금강산만큼이나 강하고 무너지지 않는 것이 있으니, 그것은 바로 마음속 깊숙한 곳에 머물고 있는 아상我相입니다. '나'라는 의식 덩어리, '나'의 뜻대로 되게 만들려고 하는 집착은 아상의 표면입니다. 아상은 강하면 강할수록 나를 괴롭힐 뿐만 아니라 주변 사람들을 힘들게 만듭니다.

아상은 쉽게 깨뜨리기가 어렵습니다. 깊숙이 들어가면 금강산처럼 강하고 큰 아상산我相山이 나오는데 이것을 무너뜨려야 합니다. 아상산은 워

낙 단단하여 무너뜨릴 수 없고, 녹여 내릴 수도 없습니다. 작은 깨달음으로는 도저히 상대할 수가 없습니다. 오로지 오랜 세월 익혀온 수행과 깨달음의 체득만이 아상산을 무너뜨릴 수 있습니다. 아상산이 무너질 때 나날이 태평가를 부를 수 있는 것입니다.

백의관음의 가피

정렴스님은 속리산 법주사 수정암과 금강산 득도암, 법기암 등에서 오랫동안 수행한 비구니 스님입니다. 마음씨가 인자하면서도 진취적인 성격이어서 절 불사의 화주승으로 많은 활약을 한 스님은, 참선공부도 잘하였지만 특히 관음신앙이 돈독하여 항상 관세음보살의 명호를 불렀습니다.

1930년 어느 날, 스님이 외금강의 신계사 법기암을 떠나 유점사로 가는 길에 접선봉 험한 길에 접어들었습니다. 산짐승들도 겨우 기다시피 다니는 벼랑길이었지만 원래가 호탕하고 대범했던 정렴스님은 아무 두려움 없이 벼랑길로 들어섰습니다.

'두두물물頭頭物物 화화초초花花草草 그대로가 비로자나불이요, 산적적山寂寂 수잔잔水潺潺이 그대로 관음진신이로구나.'

스님은 노래까지 부르며 벼랑길을 가는데, 바로 그때 무심코 디딘 바윗돌이 우르릉하고 무너져 내렸습니다.

스님은 바랑을 멘 채 낙하산병처럼 곡예를 하며 떨어졌습니다. 아래는 그야말로 천길만길이었습니다. 벼랑 끝으로 늘어진 칡넝쿨을 잡아보려 했지만 허사였습니다. 알 수 없는 바닥까지의 추락이 마치 꿈결처럼 느렸습니다.

'열반치고는 참… 먼지 하나 남지 않게 생겼구먼.'

계곡 아래의 푸른 늪이 아찔한 순간이었는데도, 어찌된 일인지 스님의 눈에는 그것들이 붉은 연꽃처럼 보였습니다.

그때였습니다. 백의관음보살님이 그림처럼 늪 위를 밟고 가는 것이 보였습니다.

순간, 스님의 몸이 물 고인 웅덩이에 철퍽 떨어졌습니다. 물도 깊지가 않아 옷만 적셨을 뿐, 일어나서 걸어보니 다친 곳 하나 없었습니다. 스님은 천연스레 물기를 툭툭 털어내곤 다시 관세음보살을 부르며 유점사로 걸음을 옮겼습니다.

관음경의 말씀대로 '금강산에 떨어지더라도 털끝하나도 다치지 않으리니'가 된 셈입니다.

혹은 원수를 만나고 도둑들에게 둘러싸여	或値怨賊遶 혹치원적요
저마다 칼을 들고 해치려 할 때에도	各執刀加害 각집도가해
관세음보살을 생각하는 힘으로	念彼觀音力 염피관음력

모두가 즉시에 자비심을 일으키네. 咸即起慈心 함즉기자심

다섯 번째 원적의 난입니다.
원수를 만나거나 도둑이 해를 입히는 것도 자신의 업業 때문입니다. 내가 이 순간 잘못이 없다 해도 나의 업이 그들을 부르고 해치게 만드는 것입니다. 하지만 항상 관세음보살을 염하는 사람은 자신의 업을 바꿀 수 있고, 악한 사람들이 자신에게 가까이 다가오는 것을 막을 수 있습니다.
뿐만 아니라 인상이 좋은 모습으로 바뀜으로 해서, 내게 해를 끼치려하는 사람들에게조차 사랑의 마음을 일으키게 합니다.

혹은 왕에게 참기 어려운 고통을 당하고 或遭王難苦 혹조왕난고
형을 받아 목숨을 마치려 할 때에도 臨刑欲壽終 임형욕수종
관세음보살을 생각하는 힘으로 念彼觀音力 염피관음력
칼이 조각조각 쪼개지며 刀尋段段壞 도심단단괴

여섯 번째 사형의 난입니다.
절에서 하는 기도라 해도 성취가 될 때도 있고, 안될 수도 있습니다. 중요한 것은 되든, 안되든 감사하는 마음과 일상에 순응하는 마음으로 기도에 임하는 것입니다. 그러다보면 마음속에 잔잔한 행복이 감돌 것입니다.

기도의 성취가 멀지 않았다는 증표입니다. 이렇듯 기도 성취는 나의 마음을 얼마나 착하게 하고 순리대로 이끌어가느냐에 달려있습니다.

그러나 대부분의 기도인은 자신의 마음 안에 일어나는 분노와 짜증, 욕심을 자기중심적으로 이끌려고만 합니다. 내가 원하지 않는 일들이 벌어지면 원망과 좌절에 빠져 기도를 망치고 맙니다.

인디언들은 가뭄이 들었을 때엔 기우제를 지낸다고 합니다. 그런데 기우제를 지내면 신기하게도 비가 내린다고 합니다.

게리위더스푼은 인디언 나바호족의 기우제를 수년 동안 관찰한 사람입니다. 그는 나바호족의 기우제를 네 번 관찰했는데, 네 번 모두 12시간 이내에 비가 왔다고 합니다. 그중 세 번은 몇 시간동안 비가 내렸고, 한 번은 몇 일간 계속되었다고 합니다. 각각의 상황은 다르지만 그들이 기우제를 지내면 많든 적든 비가 왔다는 것입니다.

그렇다면 그들은 어떻게 기도를 하기에 이처럼 비가 오는 것일까요. 인디언 친구 데이비드의 '비 기도' Rain prayer를 지켜 본 그래그 브랜든의 경험담입니다.

미국 서남부에 100년 만에 최악의 가뭄이 왔을 때의 일입니다. 나는 인디언 친구 데이비드를 따라 그들 부족의 '신성한 원'(Medicine wheel, 원형으로 돌을 늘어놓은 신성한 공간)이 있는 곳으로 갔습니다.

그는 그곳에서 비를 청하는 기도를 할 참이었습니다. 마침내 높은 산정의 능선에 있는 신성한 원에 도착하자 그는 신발을 벗었습니다. 얼마나 엄숙하고 신성한 태도로 벗는지 그 자체가 기도였습니다. 그는 맨발로 대지 위에 섰고 그리고 등을 돌려 신성한 원의 돌 가를 걸었습니다. 아무 소리 없이 그는 신성한 원을 돌았습니다. 하나하나의 돌과 그의 조상들에게 존경을 표하면서 신성한 원의 돌에 발이 닿지 않도록 주의했습니다.

신성한 원의 가장 바깥쪽 원을 돌았을 때, 그의 얼굴은 내 쪽을 향하고 있었습니다. 놀랍게도 그의 눈은 굳게 감겨져 있었습니다. 그는 시종 눈을 감고 돌았던 것입니다. 그럼에도 그는 정확히 각각의 돌 옆에 발을 디뎠습니다.

신성한 원을 다 돌자 그는 걸음을 멈추고 똑바로 섰습니다. 그리고 양손을 얼굴 앞으로 모은 뒤 기도를 했습니다. 한 여름의 뜨거운 햇빛에 그대로 노출되어 있는데도 그의 숨결은 거의 느껴지지 않았습니다. 그렇게 잠시 기도를 하던 그가 마침내 깊은 숨을 내쉬며 자세를 풀었습니다. 그리고 내게 오면서 말했습니다.

"이제 다 끝났네."

내가 놀라서 물었습니다.

"벌써? 비를 내려달라는 기도를 하러 온 것이 아냐?"

그가 신발을 신고 앉으며 말했습니다.

"아니, 나는 비를 내려달라는 기도를 하러 온 것이 아니네. 만일 내가 비를 내려달라고 기도를 한다면, 결코 비는 오지 않을 것이네."

놀랍게도 얼마 후 날씨가 점차 흐려지더니, 갑자기 쏟아지기 시작한 비는 온 골짜기를 뒤덮고 들판이 호수가 될 정도로 내렸습니다.

그러자 데이비드가 기도의 비밀을 알려줬습니다.

"어렸을 때 어르신들이 기도의 비밀을 알려줬네. 비밀의 요체는 이런 거야. 우리와 이 세계의 힘을 이어주는 다리는 바로 우리의 가슴(마음)이네. 우리의 감정과 우리의 생각이 결혼하는 것은 바로 여기, 우리의 가슴이란 말이지. 기도하면서 나는 현재의 모든 것에 그리고 과거에 일어났던 모든 것에 감사를 드렸네. 황무지의 바람, 대지의 뜨거운 열기, 심지어 가뭄에게도. 그런 다음 나는 새로운 메디슨, 비가 내리는 메디슨을 선택했지. 나는 눈을 감고 신성한 돌 둘레를 돌며 비가 온다고 생각했네. 그리고 곧 비가 내 몸을 촉촉이 적시는 것을 느끼기 시작했지. 단순히 그렇게 상상한 것이 아니라, 깊은 몰입과 집중 속에서 실제로 그렇게 느낀 것이네. 그때 나는 비를 맞으며 마을의 큰 광장에 맨발로 서 있었던 것 같네. 비에 젖은 땅이 내 발가락 사이로 스며드는 것을 느낄 수 있었지. 그리고 태풍 속에서 우리 마을 집의 흙벽과 지붕을 덮은 이엉에서 그 비릿한 냄새를 맡을 수 있었네. 나는 마을에서 나와 비를 맞으며 가슴께까지 자란 옥수수 밭 사이를 걸어갔네. 그 황홀하고 짜릿한 느낌은 뭐라 표현할 수 없었지… 눈을 감고도 나는 그 모든 것을 느낄 수 있었네. 이것이 바로 우리가 기도하는 방식이라

네. 뭔가를 원한다면 먼저 그것을 오감五感으로 느껴야 하네. 그래서 실제로 그것이 이루어졌을 때처럼 눈으로 보고, 귀로 듣고, 냄새를 맡고, 피부로 느껴야 하는 것일세. 그럴 때 기도는 비로소 힘을 발휘하지. 이것이 우리가 새로운 씨앗을 뿌리는 방식이네. 기도는 머리로 하는 것이 아니라 온 몸으로 하는 것이라고. 그래서 기도하고자 하는 내용을 온 몸으로 느껴야 한다고…."

혹은 감옥에 갇혀 목에 칼을 쓰거나	或囚禁枷鎖 혹수금가쇄
손발에 쇠고랑을 찼을지라도	手足被杻械 수족피추계
관세음보살을 생각하는 힘으로	念彼觀音力 염피관음력
확 풀려서 해탈을 얻으리라.	釋然得解脫 석연득해탈

일곱 번째 가쇄枷鎖의 난입니다.

목칼과 쇠고랑에 얽혀있는 것보다 더 무서운 것은 어리석음에 자신을 꽁꽁 묶어두는 것입니다. 어리석음은 탐·진·치 삼독심 중 치심에 해당됩니다. 어리석음은 무명에서 일어납니다. 번뇌 망상에 덮여있어 진실을 보지 못하는 어리석음은 결국 진리를 등지게 합니다.

어리석음은 번뇌의 밑바탕이 되기도 합니다. 따라서 어리석음의 속박에서 벗어날 때 번뇌를 떨쳐버리고 자유인이 되는 것입니다. 이 어리석음의 쇠고랑은 누가 채웠습니까. 그것은 바로 나 자신인 것입니다. 나의 잘못된 한 생각으로 밝은 세상을 져버리고 어두운 세상을 살아가는 것입니다. 천수경은 6향 서원에서 이렇게 기원하고 있습니다.

'축생세계에 내가 갈 때, 지혜가 저절로 생겨 지이다.' 我若向畜生 自得大智慧

아무리 지혜 없는 축생과 같은 나의 어리석음일지라도 관세음보살께 귀의하고 기도하는 마음이 입혀지면 지혜가 저절로 충만케 된다는 것입니다. 관세음보살님의 위신력은 진실하여 절대로 헛되지 않습니다. 지혜와 자비를 충족시키는 관세음보살을 생각하는 염불은 세상 밖의 어지러움과 마음속 장애의 속박에서 확 벗어나게 할 것입니다.

주문으로 저주하고 온갖 독약으로　　呪詛諸毒藥 주저제독약
몸을 해치려는 자가 있을지라도　　　所欲害身者 소욕해신자
관세음보살을 생각하는 힘으로　　　念彼觀音力 염피관음력
본인에게로 돌아가 해를 입게 되리라.　還着於本人 환착어본인

여덟 번째 저주와 독약의 난입니다.
환착어본인還着於本人의 해석에 대해서는 많은 논란이 있어 왔습니다. 타인에게 해가 돌아가는 것이 관세음보살의 자비정신에 어긋난다는 이유 때문입니다.

여기서 우리는 인과因果를 알아야 합니다. 인과는 진리요, 우주의 법칙입니다. 그래서 한 번 지어놓은 것은 언제 어디서든지 받습니다. 부처님께서도 지어놓은 것은 어쩔 수 없다고 하셨습니다. 문제는 참회하고 새로운 삶을 살지 않는 데 있습니다. 성인과 착한 사람을 해치려는 악한 마음과 행동은 곧바로 자신에게 돌아갈 수밖에 없다는 것을 잊지 말아야 하겠습니다.

혹은 악한 나찰과	或遇惡羅刹 혹우악나찰
독용과 모든 귀신들을 만나도	毒龍諸鬼等 독용제귀등
관세음보살을 생각하는 힘으로	念彼觀音力 염피관음력
그때에 모두가 감히 해치지 못하리라.	時悉不敢害 시실불감해

아홉 번째 귀신의 난입니다.

현대에는 몸과 마음이 허약하고 귀신과 빙의憑依가 되신 분들도 많습니다. 빙의는 죽은 사람의 영혼이 산 사람의 몸에 붙어사는 것을 말합니다. 그럴 때에도 관세음보살을 불러보십시오. 몸과 마음은 강해지고, 귀신들도 놀라서 도망갈 것입니다.

만약 맹수에게 둘러싸이고	若惡獸圍繞 약악수위요
날카로운 이빨과 발톱으로 위협해도	利牙爪可怖 이아조가포

관세음보살을 생각하는 힘으로　　　念彼觀音力 염피관음력
끝없는 곳으로 빨리 달아나며　　　疾走無邊方 질주무변방

열 번째 맹수의 난입니다.

자비도인 수월스님은 일제 강점기에 천수대비주로 달통達通한 분입니다. 스님은 만주 용정에 머물며 일제를 피해 이주해 오는 사람들한테 짚신을 삼아 준 일로도 유명한데, 말년에는 북간도로 가 송화산에 화엄사라는 조그마한 절을 세우고 주석하시다가 열반에 드신 근대의 선지식이었습니다.

말보다는 몸으로 자비를 보여주셨던 수월스님은 특히 짐승들이 잘 따랐다고 합니다. 어린 시절에 수월스님을 본 노인들의 말에 따르면, 스님이 손을 내밀면 날아가던 까치도 앞을 다투어 내려앉았고, 산에 들어가면 꿩, 노루, 토끼들이 떼를 지어 몰려들었다고 합니다. 심지어는 맹수 가운데서도 가장 사나운 호랑이까지도 자주 스님 곁에 찾아와 마음껏 머물다 갔다고 합니다. 천수대비주로 관세음보살님과 한 마음이 되었던 것입니다.

독사와 살무사 전갈들이　　　　　蚖蛇及蝮蠍 완사급복갈
불 때어 나는 연기처럼 독기를 내뿜어도　氣毒煙火燃 기독연화연
관세음보살을 생각하는 힘으로　　　念彼觀音力 염피관음력
그 소리를 듣고서 스스로 돌아가리라.　尋聲自廻去 심성자회거

열한 번째 독사와 전갈의 난입니다.

관세음보살의 위신력을 나의 것으로 만들면 맹수나 독사 등 아무리 무섭고 악랄한 존재라 해도 항복하게 되어 있습니다. 관세음보살님의 위신력은 자비를 바탕으로 삼기 때문입니다. 자비심에 어찌 적이 있겠습니까.

잊지 말아야 할 것은 관세음보살의 위신력은 오로지 기도로 이뤄진다는 것입니다.

그러나 기도를 한다고 해서 모든 게 다 이루어지는 것은 아닙니다. 바르지 못한 기도, 잘못된 기도, 남에게 피해를 주며 하는 기도는 이루어질 수 없으며, 화엄신장의 내침을 받을 수도 있습니다. 기도 성취에 좋다면 수단과 방법을 가리지 않는 막행막식으로는 불보살님의 가피를 얻을 수 없습니다. 설사 당장은 가피를 얻었다 해도 해가 뜨면 눈 녹듯 금방 사라져 버립니다.

바른 기도, 정법의 기도가 나와 많은 이들을 행복으로 이끄는 것입니다. 몸과 마음이 아파오는 괴로움이 찾아와도 참고 기도하십시오, 한 고비만 넘기면 편안해지고 순조로워집니다. 이렇게 하는 것이 진짜 공부요, 평생 나를 따라다니는 살림살이입니다.

한때 주지스님이 계시지 않은 절의 관리를 맡은 적이 있었습니다.

가난하여 공양주도 없었지만, 신도 모임인 관음회 회원들이 정성껏 스님들 공양을 올리는 절이었습니다. 이 사정을 안 본사에서 공양주보살 한 분을 추천해 주었습니다.

그런데 이 보살님이 천성이 악한 사람은 아니었지만 어딘지 성격이 모난 분이었습니다. 스님들한테는 잘하면서도, 절집 처사님들한테는 끗발 행사를 하는 안하무인의 사람이었습니다. 또 조금은 신기神氣가 있는 듯도 했는데, 시간이 날 때마다 법당에서 기도를 하시는데, 스님이 오건 신도들이 오건 간에 신경을 쓰지 않고 열심히 기도를 하였습니다.

그러던 어느 날이었습니다. 공부를 하러 절에 와 있던 처사 한 분이 사중 전화를 쓴 일이 있었습니다. 공중전화가 없었으니 쉽게 있을 수 있는 일이었지만, 격분한 공양주보살은 절 전화를 함부로 쓴다며 자기 방으로 전화를 옮겨달라고 했습니다. 하지만 평소의 마음 씀과 행동으로 봤을 때 공심公心이라기보다는 개인 욕심이라는 생각만 들 뿐이었습니다.

"왜 보살님 방으로 전화를 옮겨야 합니까?"

나는 강한 어조로 그 보살님의 청을 거절했습니다.

그러자 그 보살은 들고 있던 쟁반으로 삿대질을 하면서 따져들었습니다. 그렇게 하다가는 부처님께 혼난다고 꾸짖자 보살은 더욱 길길이 날뛰었고 나와 몸이 부딪치는 일까지 벌어졌습니다.

보살은 자기가 아는 지인들한테 전화를 걸어, "스님이 나를 죽이려 한다."고 한참을 떠들고 나서도 분을 삭이지 못한 채 상기된 얼굴로 근처에 있는 암자의 스님을 찾아간다면서 절을 나갔습니다. 하지만 눈앞의 암자를 몇 시간 동안 찾아헤매다 다시 절로 돌아왔습니다.

그리곤 어쩔 수 없었던지 택시를 불러 타고 휑하니 절을 빠져나갔습니다. 이렇게 해서 한바탕 벌어졌던 소동도 일단락되었습니다.

신기한 것은 그 보살이 떠나자 보살이 늘 앉아서 기도하던 자리의 나무 바닥을 쥐가 소복하게 쏠아 놓았다는 것입니다.

소가 물을 마시면 우유가 되고, 뱀이 물을 마시면 독이 되듯이, 기도하는 자가 마음을 바로 먹고 행하지 않으면 아무리 공들여 복을 쌓아놓았다 해도, 결국은 냄새나는 쓰레기 더미가 되는 것입니다.

그렇기에 기도인은 첫째, 마음 씀이 착해야 하며 둘째, 착한 마음에서 나오는 행동이 있어야 하며 셋째, 기도 성취가 안됐어도 고마운 마음으로 다시 시작할 수 있는 실천력이 있어야 합니다.

구름이 끼어 천둥과 번개가 치고	雲雷鼓掣電 운뢰고철전
우박과 큰비가 쏟아져도	降雹澍大雨 강박주대우
관세음보살을 생각하는 힘으로	念彼觀音力 염피관음력
그때를 맞춰 흩어져 사라지느니라.	應時得消散 응시득소산

저는 비가 많이 오는 날, 먼 길을 갈 때면 관세음보살을 부릅니다. 그러면 희한하게도 비가 그치거나 잦아들며, 막히던 교통도 조금씩 풀리곤 합니다.

오늘날 지구는 온난화로 몸살을 앓고 있습니다. 세계 곳곳에선 때아닌 집중호우로 인한 피해가 속출하고 있습니다. 아마도 세월이 가면 갈수록 그 피해 규모도 점점 커질 것입니다.

이럴 땐 망설이지 말고 다 같이 관세음보살을 부릅시다. 얼마 지나지 않아 해가 쨍쨍한 하늘을 보게 될 것입니다.

기도와 마음공부는 법당에서만 하는 것이 아닙니다. 진정한 관음행자라면 일상생활에서 관세음보살을 부를 수 있어야 합니다. 주부는 가사일을 하면서, 선생님이나 학생은 수업을 하면서, 사업가나 영업자는 사업과 영업을 하면서, 종교인은 종교인대로 열심히 관세음보살을 부르는 것입니다.

운전과 같은 전문직종의 사람들은 어떻게 그렇게 할 수 있느냐 하고 의문이 생기겠지만, 염불을 하면 마음이 밝아져서 일은 일대로 해나갈 수 있고 염불은 염불대로 잘되어 갑니다. 우리가 집중하지 못하는 것은 번뇌 망상 때문입니다. 마음을 한곳으로 모으는 연습을 하는데 무엇이 안되겠습니까.

실로 개인적인 실수나 작은 사고를 당했을 때 나를 들여다보면 엉뚱한 생각을 하고 있는 것을 볼 수 있습니다. 우리 마음 안에는 이 세계 저 세계가 있지만 서로 혼란스럽지 않고 자기 모습과 자기 생각이 따로 있는 것입니다. 관음염불을 하면 하는 일에 도움이 될지언정 방해가 되지 않습니다.

마음으로 안되면 생각으로, 생각으로 안되면 입으로, 밥 먹고 나서 물 마시듯이 자연스럽게 해나가십시오. 공부에 너무 포장을 해 화려하게만 보이게 하지 말고, 안으로 채우는 것이 중요합니다.

　전문강당에서 수업 받을 때의 일입니다. 3시간 동안 수업을 하니 항상 귀를 쫑긋 세워 듣기가 어려웠습니다. 그래서 마음에 붙은 관세음보살 염불을 간절하게 해나가니 염불은 염불대로 마음이 맑아져 잘되고, 그 맑아진 마음으로 경전강의를 들으니 이해도 수월했습니다.

　그러던 어느 날, 다른 때와 같이 수업을 들으며 염불을 해나가는데, 참 시원했습니다. 그러던 중 강사스님의 말씀을 듣는 순간 시원함과 함께 앞이 훤해졌습니다. 그때의 감흥을 난 이렇게 적어 놓았습니다.

삼처전심三處傳心이 거짓이란 말을 듣고
몰록 깨달았네.
염화미소여, 다자탑반분좌여, 곽시쌍부여
다리 밑을 봐라.

　이상으로 12가지 재난에 대해서 살펴보았습니다. 비록 이들 재난뿐만 아니라 어떤 어려움에 처해도 관세음보살을 부르는 마음을 지녀야 합니다.

• 믿고 부를수록 익어가는 자비보살 慈悲菩薩 •

중생이 곤란과 재앙을 당해서　　　衆生被困厄 중생피곤액
한량없는 고통이 몸을 핍박하더라도　無量苦逼身 무량고핍신
관세음보살은 묘한 지혜의 힘으로　　觀音妙智力 관음묘지력
세간의 괴로움에서 구제해주느니라.　能救世間苦 능구세간고

예전이나 오늘날에나 관음신앙으로 불치병을 고친 사례는 무수히 많습니다. 혹자들은 비과학적이라며 미신으로 격하시키기도 하지만 완전치 못한 과학으로 기도의 힘을 재단하려는 시도야말로 과학에 대한 맹신일 것입니다.

법철스님께서 전남 강진 무위사의 주지로 계실 때 일입니다.
1988년 봄날의 어느 날이었습니다. 법철스님은 막 절을 들어서는 낯선 이를 유심히 살폈습니다. 50세 가량의 후리후리한 중년 남자였는데, 그 걸음걸이가 방향감각을 잃은 사람처럼 위태로웠기 때문이었습니다. 스님이 부축하여 요사채 마루에 앉히자 그는 깊은 한숨을 내쉬며 사연을 털어놓았습니다.

"저는 포항에서 개인사업을 하는 오정수라는 사람입니다. 어느 날 이유 없이 두 눈이 어두워지기 시작하더니 이제는 보시다시피 이렇게 눈뜬장님이 되어버렸습니다. 유명하다는 안과는 모두 찾아다녔고, 눈에 좋다는 약도 안 먹은 것이 없고, 민간요법의 처방도 안 해 본 것이 없습니다. 그러나 1년이 넘도록 고생만 하고 남은 것은 빚뿐입니다. 아직 학교도 마치지 못한 아이들과 가족들을 생각하면 장님이 된다는 게 견딜 수가 없습니다. 그렇게 절망에 빠져서 지내고 있는데 어느 날 불교를 믿는 친척 한 분이 찾아와, '관세음보살께 기도하면 죽을병도 낫는답니다. 하물며 눈 먼 것 하나 못 고치겠어요. 전라도 강진에 무위사라는 절이 있는데, 거기 관세음보살님이 이적을 많이 나타내신답니다. 병원에서도 어쩔 수 없다고 하니 관세음보살님께 기도하며 매달려 보십시오. 틀림없이 좋은 결과가 있을 겁니다.' 하고 알려줘서 불교와는 아무런 인연이 없으면서도 지푸라기라도 잡는 심정으로 찾아왔습니다."

오정수씨의 사연을 들은 주지스님은 그에게 방을 하나 내어주고 관음기도 방법을 일러주었습니다. 오정수씨는 삭발까지 하고 백일기도를 시작했습니다. 우러러 보아도 보이지 않는 관세음보살 앞에서 지극한 마음으로 관세음보살을 불렀습니다.

"관세음보살, 관세음보살, 관세음보살…"

온종일 관세음보살을 부르는 그의 정성은 헛되지 않았습니다. 기도를 시작한 지 50일이 지나자 볼 수 없었던 관세음보살의 모습이 어렴풋이 보이더니, 90일이 되어서는 시력을 완전히 되찾은 것이었습니다. 환희와 감격 속에 정성스럽게 100일 기도를 마친 오정수 씨는 절을 떠나며 법철스님의 손을 잡고 말했습니다.

"스님, 관세음보살님께서 저에게 두 눈을 빌려주셨습니다. 이제 돌아가 눈 먼 사람의 눈이 되어 살겠습니다."

관음행자는 이런 마음가짐으로 기도를 하여야 합니다.
누구나 관세음보살의 분신이 되어 이 세상을 구제하는 것, 그것이야말로 관세음보살님이 무엇보다도 바라는 일이기 때문입니다.

신통력을 갖추시고	具足神通力 구족신통력
지혜의 방편을 널리 닦아서	廣修智方便 광수지방편
시방세계의 모든 국토에	十方諸國土 시방제국토
몸을 나타내지 않는 곳이 없으시며	無刹不現身 무찰불현신

이 단락은 관음기도를 할 때 정근을 마치고 관세음보살을 찬탄하는 게송으로 쓰이는 부분입니다.

관세음보살 멸업장진언
〈옴 아로늑계 사바하〉
구족신통력 광수지방편 시방제국토 무찰불현신
고아일심귀명정례

　관세음보살님은 모든 신통력을 갖추신 분입니다.
　관세음보살님은 다겁多劫의 세월동안 수많은 부처님을 모시고 크고 청정한 원을 세웠습니다. 그리고 온갖 지혜의 방편을 널리 닦아 그것을 하나하나 성취하여 모든 법을 얻으셨습니다. 중생을 위한 마음으로 닦아 성취한 것입니다.
　그렇기에 관세음보살의 신통력과 지혜는 우리들의 것입니다. 관세음보살님을 믿고 예배하며 공양하는 자의 몫인 것입니다.
　신통은 불가사의한 힘입니다. 그것은 실재하는 것이 아닙니다. 깨달음의 참된 마음, 즉 진심眞心에서 나오는 하나의 방편입니다. 따라서 신통에 생각을 묶어 놓아선 안됩니다. 신통에 정신이 팔리면 바른 곳을 벗어나 엉뚱한 세상을 향하게 됩니다. 관세음보살님이 신통으로 우리를 이끄는 것은 삶의 근원적 문제인 생로병사의 고통에서 벗어나게 하기 위해서입니다.
　마음은 지옥 중생이 될 수도 있으며, 아수라가 될 수도 있고, 천상의 사람이 될 수도 있습니다. 그것이 우리들의 마음입니다. 가기도 하고 머물기도 하고 숨었다가 나타나기도 하며, 혹은 한 몸 또는 여러 몸으로 나투기도 하는 걸림 없는 – 대비행해탈문大悲行解脫門을 성취한 관세음보살님은 선재동자에게 이렇게 말합니다.

"모든 중생이 만약 나를 생각하거나, 나의 이름을 칭명하거나, 나의 몸을 보면 온갖 두려움을 떠나 면하게 한다. 선남자야, 나는 이런 방편으로서 중생들의 두려움을 여의게 하며, 다시 가르쳐서 아뇩다라삼먁삼보리심을 내고 영원히 물러나지 않게 하느니라."

– 화엄경 입법계품 –

관세음보살님께서 중생들에게 보문普門의 넓은 뜻을 보이신 것입니다. 신통이 아닌 나의 참된 모습을 찾아야 하는 까닭이 여기에 있습니다. 관세음보살님은 우리 모두가 관세음보살임을 알리려 오신 것입니다. 이것이 바로 관음경이 첫 구절부터 끝날 때까지 말씀하신 내용입니다. 관세음보살님처럼 육도(지옥·아귀·축생·아수라·인간·천상)의 모든 국도에 몸을 니투어서 자비와 지혜, 때로는 위엄으로서 중생을 이익 되게 하라는 것입니다.

이를 위해서는 관세음보살을 일심으로 칭명하는 길밖에 없습니다.

갖가지의 모든 악취인   種種諸惡趣 종종제악취

지옥 · 아귀 · 축생과　　　地獄鬼畜生 지옥귀축생
생 · 노 · 병 · 사의 고통이　　生老病死苦 생로병사고
점점 모두 사라지네.　　　　以漸悉令滅 이점실영멸

　세상을 변화시키려면 먼저 나부터 변해야 합니다. 많은 분들은 세상이 변해야 한다면서도 자신은 변하지 않습니다. 남의 잘잘못은 가리키면서 자신의 그릇됨은 보지 않고, 다른 사람부터 바꾸어야 한다고 합니다. 그래서야 어떻게 세상이 변하겠습니까. 아름다운 세상, 정의로운 세상을 만드는 것은 오직 자신한테 달렸습니다. 내가 변해야 세상이 아름답고, 정의로운 세상이 만들어 지는 것입니다.
　관음신앙은 변화의 신앙이라고 할 수 있습니다.
　아귀 같고 축생 같고 지옥 같은 우리의 마음도 관세음보살을 믿고 예배하며 칭명하는 삶을 지속하면 법열(法悅, 텅 빈 마음에서 드러난 최상의 기쁨)과 선열(禪悅, 선정에 들어 마음이 즐거운 것)을 체험할 수 있습니다. 그러다보면 내 마음속의 지옥은 사라지고 점점 피어나는 연꽃을 보게 될 것입니다. 그 연꽃 속의 관세음보살이 나를 관세음보살로 만들어나가는 것입니다.
　악한 생활로 인해 연꽃이 닫혀 다시 관세음보살을 못 보는 어두운 삶이 왔다 해도 걱정하지 마십시오. 다시 예배하며 칭명하는 삶을 찾으면 연꽃과 관세음보살은 다시 피어날 것입니다. 아무리 악한 사람이라 해도 관세

음보살을 칭명하면 다시 살아나게 되고, 그 깨달음도 또한 더욱 굳건해집니다. 수행을 통해 나 자신을 변화시키는 일, 이 모든 것은 나 자신에게 달려있습니다.

관음경에선 비록 '관세음보살' 일심칭명을 말하지만 심층적인 차원으로 들어가면 참선이나 염불, 간경과 주력엔 차별이 있을 수 없습니다. 관세음보살의 일심칭명은 마음을 모으고 변화시키는 수행입니다. 참선과 간경, 염불 또한 마음의 변화를 가져오는 수행이라는 점에서 볼 때 칭명수행과 다름이 없다는 것입니다.

거듭 말씀드리고 싶은 것은 수행정진을 통해 내면의 변화를 이끌어 내야만, 세상을 변화시키고 이상적인 불국토를 완성할 수 있다는 것입니다. 10년, 20년을 수행했다한들 스스로를 자비와 지혜로 채우지 않는다면, 방아깨비가 평생 동안 헛방아질을 하는 것과 무엇이 다르겠습니까?

진여관과 청정관과	眞觀淸淨觀 진관청정관
광대한 지혜관 그리고	廣大智慧觀 광대지혜관
대비관 및 대자관을	悲觀及慈觀 비관급자관
항상 원하고 항상 우러러볼지어다.	常願常瞻仰 상원상첨앙

자신을 바꾸어 어엿한 주인공 되려면 '관' 觀을 해야 합니다.

관觀은 깨달음입니다. 관에는 육안으로 보는 것에서부터 마음의 눈으로 보는 관, 불보살님의 눈으로 보는 관이 있습니다. 수행자의 눈은 일반인의 그것과 다릅니다. 마음의 눈이 열렸기 때문입니다. 그러하니 관세음보살의 눈이야 무슨 말이 필요하겠습니까?

관음경은 5관을 닦을 것을 말씀하고 있습니다.

① 진관眞觀 : 진실한 눈, 아름다운 눈, 수행하여 진리를 바라볼 수 있는
　　　　　　눈 - 육안肉眼

② 청정관淸淨觀 : 청정한 눈, 더러움을 떠난 깨끗한 눈 - 천안天眼

③ 광대지혜관廣大智慧觀 : 광대한 지혜의 눈,
　　　　　　반야 지혜가 수승한 눈 - 혜안慧眼

④ 비관悲觀 : 측은한 눈으로 바라보고, 중생의 괴로움을 없애주는 것,
　　　　　　불보살의 눈 - 법안法眼

⑤ 자관慈觀 : 어여쁜 눈으로 바라보며, 중생들에게 즐거움을 주는 것,
　　　　　　불보살의 눈 - 불안佛眼

관세음보살님은 이 5관을 다 갖추시고, 중생들에게 이익을 주십니다.

우리도 관세음보살을 정성껏 칭명하다 보면 5온(색·수·상·행·식)이 5관으로 뒤바뀌어서 해탈할 수 있으며, 중생들의 복밭이 될 것입니다.

때가 없는 청정한 빛과	無垢淸淨光 무구청정광
지혜의 해가 모든 어둠을 깨드리고	慧日破諸闇 혜일파제암
물과 바람과 불의 재앙을 물리치고	能伏災風火 능복재풍화
널리 세간을 밝게 비추니	普明照世間 보명조세간

관세음보살님의 청정한 빛은 차별 없이 다 비추지만 신심 있는 중생과 인연 있는 중생을 먼저 비춥니다. 해가 뜨면 산봉우리를 먼저 비추고 그 다음에 대지를 비추는 거와 같습니다.

관세음보살을 믿는 자는 무명의 어둠을 부수고 모든 재앙을 물리칠 수 있습니다. 세상을 아름답게 가꿀 수 있습니다. 자비심을 가지십시오. 밝은 인생이 찾아올 것입니다.

큰 원력을 세우십시오. 모든 것을 이겨낼 것입니다.

대비의 마음은 천둥처럼 진동하고	悲體戒雷震 비체계뢰진
대자의 뜻은 묘한 큰 구름이 되어서	慈意妙大雲 자의묘대운
감로의 법비로 적시어	澍甘露法雨 주감로법우
번뇌의 불길을 꺼 주느니라.	滅除煩惱焰 멸제번뇌염

독송은 경전을 소리 내어 읽는 것입니다. 단지 입으로 읽어나가는 것뿐

만 아니라 그 내용을 마음에 비추어 가면서 경전의 뜻을 알아야 합니다.

어느 날 기도를 마치고 관음경을 독송하였습니다.

대비의 마음은 천둥처럼 진동한다는 부분이 마음에 와 닿았습니다. 그래서 여러 번 읽어 내려가는데, 그만 눈물이 왈칵하고 쏟아지는 게 아니겠습니까. 눈물을 그치고 싶어도 그칠 수가 없었습니다. 그냥 눈물이 비 오듯이 흘러내리는데, 입에서는 나도 모르게 엉엉 소리가 났습니다.

그렇게 한참 울고 난 후 신기하게도 번뇌는 사라져 버렸고, 나의 마음은 세상의 어떤 시원한 맛도 비길 수 없는 적멸의 시원함을 느낄 수 있었습니다.

다툼과 소송으로 관청을 가거나	諍訟經官處 쟁송경관처
두려운 전쟁 중에도	怖畏軍陣中 포외군진중
관세음보살을 생각하는 힘으로	念彼觀音力 염피관음력
온갖 원한들은 모두 사라지리라.	衆怨悉退散 중원실퇴산

1950년 8월, 6·25가 터진 지 얼마 되지 않았을 때의 일입니다.

관음도량인 강화 보문사의 김경운 스님이 속가에 있을 때 낳은 아들인 상만씨도 육군으로 출병을 하였다가, 그만 공산군의 포로가 되고 말았습니다.

다음날, 상만씨 일행은 부대 뒤의 산골짜기로 끌려갔습니다. 총살을 시키려는 것이었습니다. 간밤에도 동료 몇 명이 탈출을 시도하다 붙잡혀서 총살당한 일이 있었습니다. 나무에 묶인 상만씨는 큰 소리로 관세음보살을 부르기 시작했습니다.

그러자 헝겊으로 상만씨의 눈을 가리던 북한 병사가 깜짝 놀라 그에게 속삭였습니다.

"나도 장안사 모 스님의 아들이오. 조용히 있다가 어두워지면 도망가시오."

이윽고 인민군 병사들이 국군 포로들을 향해 일제히 총을 쏘고는 산을 내려가 버렸습니다. 상만씨는 화약 연기가 가라앉고 산에 어둠이 짙어질 즈음에서야 슬그머니 눈을 떴습니다. 몸에는 상처 하나 없었습니다.

그 북한 병사가 헛총질을 한 것이었지요.

나를 바꾸는 참회기도

비가 온 뒤에 땅이 굳어진다고 합니다. 비가 땅의 빈곳과 결점을 보완하고 서로 이어주어서 더욱 굳건해지는 것이겠지요. 이와 같이 우리네 마음 땅에도 비를 내려 잘못된 인생을 바른 인생으로 다져야 합니다.

마음 땅에 줄 비는 참회의 눈물입니다. 참회의 눈물은 창피한 것이 아닙니다. 허물을 한 꺼풀 벗고 성숙한 인생을 살아가라고 하는 부처님의 가피입니다. 텅 빈 마음에서 드러난 환희심의 눈물과 지난날의 잘못을 참회하는 눈물은 달콤하기까지 합니다. 가끔은 이런 말씀을 하시는 불자님들도 계십니다.

'나는 잘못한 것이 없는데 무엇을 참회하라고 하는 거지.'

우리는 보고 듣고 맛보는 것만으로도 한량없는 허물을 만들어 내고, 죄를 짓습니다. 사회법을 어긴 것만 허물이 되고 죄가 되는 것이 아닙니다. 진짜 죄는 자신의 양심을 어기고 속이는 것입니다.

참회보살님의 강림을 받아 살아있는 눈물을 폭포수처럼 흘려본 분은, 살아서 환생한다는 게 어떤 것인지 느껴보았을 것입니다. 참다운 참회는 자신의 운명과 업을 바꿔 놓습니다. 큰 깨달음에 이르게도 합니다.

오래전 설악산 오세암에서 기도할 때의 일입니다.

천방치축 뛰어노는 다람쥐와 섞여 출렁거리는 다리를 건너다니면서 오세암 계곡 옆 자그마한 토굴에서 나의 기도는 시작되었습니다. 전기가 없는 토굴이라 초를 켜고 살았는데 새벽기도와 저녁기도는 손전등을 비추면서 다녔습니다. 흐트러지는 정신을 가다듬는다고 차가운 계곡물로 목욕을 하기도 했습니다.

하부 한 번 때는 아궁이의 빨간 숯불을 감상하며, 토굴 앞 바위 속에 사는 생쥐를 친구삼아 나 자신을 위로하며 참회기도를 했습니다.

'참회합니다. 참회합니다. 알고 짓고, 모르고 지은 지난날의 무수한 죄

업을 참회합니다.'

대중 속에 있으면서도 대중의 보호와 외호 없이 혼자 수행하는 것은 힘들고 외로웠습니다. 피곤에 지쳐 잠에 떨어진 날은 꿈속에서 황금가사를 수한 비구스님의 호된 꾸지람을 듣기도 했습니다. 어느 날인가는, 지나간 날을 떠올리다 서러움에 복받쳐 법당에 무릎을 꿇은 채 서글픈 눈물을 쏟아내기도 했습니다.

그러한 일이 있은 지 며칠 뒤였습니다. 토굴 앞 의자에 앉아 하염없이 앞산을 쳐다보는데 바위 위로 선명하게 떠오르는 글자가 있었습니다.

永離三惡道 영리삼악도

영원히 삼악도를 벗어나리라.

그 뒤로도 난 몇 번의 참회기도를 더 했고, 그때마다 점점 새로운 인간으로 바뀌어 갔습니다.

묘음과 관세음과	妙音觀世音 묘음관세음
범음과 해조음과	梵音海潮音 범음해조음
승피세간음을	勝彼世間音 승피세간음
모름지기 항상 생각할지어다.	是故須常念 시고수상념

관세음의 관觀은 온갖 소리를 알아듣고 보는 것입니다.

관음경에서는 관의 대상인 소리에 대해서 다섯 가지로 나누어 5관觀과 함께 5음音을 말씀합니다. 5관과 5음은 함께 닦아지는 것이며, 이 10관음의 수행이 완성될 때 깨달음의 경지인 원통圓通 법문을 증득하게 됩니다.

그런 다음에 32응신을 나투어 중생을 구제하는 것입니다.

① 묘음妙音: 묘한 소리, 진리의 소리입니다. 관음염불을 소리를 내어 하게 되면, 묘음을 얻습니다.
② 관세음觀世音: 세상을 소리를 관하는 소리입니다.
    청정하고 깨끗한 자에게 들리는 소리입니다. 관음염불을 수행하여 자성관음을 발현하면 세상의 소리가 관세음으로 들립니다.
③ 범음梵音: 불보살님의 음성입니다. 삼매 속의 염불소리가 허공에 울려 퍼지는 소리입니다.
④ 해조음海潮音: 소리의 크기를 밀물소리(海潮音)에 비교한 것입니다.
    밀물소리처럼 불보살님의 음성이 크고, 골고루 들리는 것을 말합니다. 관음염불을 소리 내서 힘차게 하면 단전의 깊숙한 곳으로부터 흘러나와 바닷물이 동굴에 부딪쳐 울려 퍼지는 것처럼 아름다운 해조음이 됩니다.
⑤ 승피세간음勝彼世間音 : 세간의 모든 음성보다 뛰어난 아름다운 음성,

관세음보살이 자비를 실천할 때 내는 음성입니다.

이 5관과 5안 그리고 5음은 서로 연결되어 있습니다.

① 진관眞觀 — 육안肉眼 — 묘음妙音
② 청정관淸淨觀 — 천안天眼 — 관세음觀世音
③ 광대지혜관廣大智慧觀 — 혜안慧眼 — 범음梵音
④ 비관悲觀 — 법안法眼 — 해조음海潮音
⑤ 자관慈觀 — 불안佛眼 — 승피세간음勝彼世間音

찰나라도 의심하지 말지니	念念勿生疑 염념물생의
관세음 거룩한 성인은	觀世音淨聖 관세음정성
고뇌와 죽음의 재앙에서	於苦惱死厄 어고뇌사액
능히 믿는 의지처가 되어준다네.	能爲作依怙 능위작의호

 죽음의 고통과 재앙에서 우리는 누구를 믿어야 합니까? 평생 동안 아끼고 쌓아놓은 재물입니까? 사랑스럽고 예쁜 부인과 자식들입니까?
 이것은 잠시 동안의 안락을 가져올 뿐입니다. 우리가 진정 믿고 의지할 대상은 자비와 지혜를 완성시킨 관세음보살입니다. 관세음보살을 내 마음

의 의지처로 삼으면 보살님은 우리를 떠나지 않습니다. 관세음보살님은 우리를 배반하지 않습니다.

  일체의 공덕을 갖추고   具一切功德 구일체공덕
  자비로운 눈으로 중생을 바라보며   慈眼視衆生 자안시중생
  복덕이 바다처럼 한량이 없으니   福聚海無量 복취해무량
  그러므로 마땅히 정례할지어다.   是故應頂禮 시고응정례

화신化身 관세음보살님을 직접 친견했던 체험담입니다.

평소 생각해 오던 불교와 현실 불교가 맞지 않아서 갈등을 겪고 있을 때였습니다.
 이른 아침 대구에서 벌어진 일입니다. 소변이 마려워 볼일을 보고 화장실을 막 나오는데, 2층에서 내려오던 아가씨인 듯한 어떤 여자 분이 말을 거는 것이었습니다.
 "스님, 어디 가세요?"
 "예에…"
 난 대답하기도 싫고 귀찮기도 해서 대충 얼버무리며 말끝을 흐렸습니다. 하니 여자 분이 또 말했습니다.

"스님, 술 마시러 갈려고 하지요!"

순간 나는 나도 모르게 계단을 올라가고 있었고, 어느 틈엔가 그 여자와 난 테이블을 두고 마주앉아 있었습니다. 레스토랑인 듯 실내는 무척 깨끗했습니다. 여자는 삼십 안팎쯤으로 보였는데 안경을 쓴 이미지가 산뜻하고 아름다웠습니다.

"나는 스님들만 보면 좋아요"

하면서 웃음을 짓는데 그 미소가 가히 살인적이었습니다.

그 아름다운 미소에 취해 있을 때였습니다. 키가 크고 늘씬한 지적인 중년의 여자가 다가오더니 함께 앉는 것이었습니다. 무심코 그녀의 눈을 쳐다봤는데 사람의 눈인지, 동물의 눈인지, 그런 눈은 한 번도 보지 못한 눈이었습니다.

두 여자와 나, 셋 사이에 한참동안 침묵이 흘렀습니다. 그녀들은 마음에 아무런 동요가 없는 거대한 산 같았습니다. 순간 나의 손과 팔이 떨려왔습니다. 그런 나를 보았는지, 그때까지 아무 말이 없던 중년 여성이 그만 가라고 했습니다.

난 밖으로 나왔습니다. 그리고 이삼 분이나 걸었나, 여자들이 괘씸하고 건방지다는 생각을 지울 수가 없었습니다. 나는 가던 발길을 돌려 그 집을 찾았습니다. 혼 좀 내주자는 생각이었습니다.

그런데 그 자리에 있어야 할 집이 없는 것이었습니다. 같은 길을 몇 번이나 오가며 찾았지만 분명히 있어야 할 집이 없습니다. 길을 가는 사람들한테 물어봐도, 여기에는 그런 곳이 없다는 것이었습니다.

'귀신한테 속았나!'

그 길로 강원도행 버스를 탔습니다. 머물 곳이 필요했던 터였는데, 마침 기도를 봐주었던 암자가 떠올랐던 것입니다.

강원도의 암자에 도착한 나는 법당부터 찾았습니다.

하지만 부처님께 참배하고 부처님 존상을 우러러보는 순간 난 소스라치게 놀라고 말았습니다. 혼내 주려했던 그 여인들이 부처님 연화대에 앉아있는 것이 아닙니까.

석가 · 관음 · 지장…

미소 짓던 여인은 관음이요, 지적인 중년 여인은 석가였습니다.

금강경에서는 발심한 보살을 '여래는 잘 보살펴주시고, 잘 부촉하신다.'고 하셨습니다. 그때 불보살님께서 이끌어주시지 않았다면, 나는 지금쯤 어디에 있을까 하는 생각을 해 봅니다.

강원도의 그 암자는 관세음보살님의 마음을 다시 한 번 확인한 수행처였습니다. 열심히 정진했던 덕인지, 중앙승가대학에 진학한 뒤로도 학비와 용돈 걱정없이 4년 과정을 무탈하게 마칠 수 있었으니, 관세음보살의 가피가 없었다면 이 모든 일이 어찌 가능했겠습니까.

제 7 장

관음경의 공덕

• 깨달음의 마음을 내는 것이 기도의 시작이다 •

그때에 지지보살이 자리에서 일어나 부처님 앞으로 나아가 사뢰었다.

"세존이시여, 만약 어떤 중생이 이 관세음보살보문품의 자재한 업과 보문시현의 신통력을 듣는다면 그 사람의 공덕은 적지 않을 것이옵니다."

부처님께서 이 보문품을 설하실 때 대중 가운데 팔만사천중생이 모두 대등한 것이 없는 아뇩다라삼먁삼보리의 마음을 내었다.

爾時持地菩薩 即從座起 前白佛言 世尊 若有衆生 聞是觀世音普門品
이시지지보살 즉종좌기 전백불언 세존 약유중생 문시관세음보문품
自在之業 普門示現神通力者 當知是人 功德不少 佛說是普門品時 衆
자재지업 보문시현신통력자 당지시인 공덕불소 불설시보문품시 중

中八萬四千衆生 皆發無等等阿耨多羅三藐三菩提心
중 팔만 사천 중생 개발 무등등 아뇩다라삼먁삼보리심

이 단락은 경전의 마무리를 알리는 내용입니다.

세존께서 법문을 설하여 마치자 대중 가운데서 지지보살이 일어나 관음경을 찬탄합니다. 지지보살은 지장보살의 다른 이름입니다. 무수한 분신으로 중생을 제도하는 지장보살님이, 관음경의 자재한 업과 보문시현의 신통력을 듣는 자의 공덕은 적지 않다고 찬탄을 하시는 것입니다.

지장보살은 석가모니부처님이 멸도한 뒤로부터 미륵보살이 성도成道할 때까지의 부처님이 계시지 않는 무불無佛시대에 중생제도를 부촉 받은 보살로, 우리나라에서는 관세음보살과 함께 불자들에게 가장 친숙한 보살입니다. 비구 형태의 모습을 하는데 머리에는 두건을 쓰고, 왼손에는 보석구슬을 오른손에는 석장을 쥔 모습을 합니다.

마지막으로 경은 '모든 대중이 아뇩다라삼먁삼보리의 마음을 내었다'고 하면서 막을 내립니다. 아뇩다라삼먁삼보리는 무상정등각無上正等覺으로 번역되는데, 최상의 올바르고 평등한 완전한 깨달음이란 뜻을 갖습니다. 즉 부처님의 깨달음입니다. 이 아뇩다라삼먁삼보리심을 줄여서 보리심菩提心이라 합니다.

불교에서는 보리심을 일으키라는 뜻에서 '발보리심' 發菩提心이란 표현을 많이 쓰는데, 이 발보리심은 아주 중요합니다. 보살은 발보리심에서 물러나지 않고 수행하여야 합니다. 보리심에서 물러나지 말고 자꾸자꾸 발심해 나가야 합니다.

깨달음의 마음을 내는 것은 중요합니다. 그러나 실천수행이 뒤따르지 않는 깨달음은 무의미합니다.

그것이 관세음보살이 우리들한테 전하는 메시지입니다.

잊지 마십시오. 관음경은 우리에게 '관세음보살'의 일심칭명一心稱名을 통하여 고난과 고통을 벗어버리고, 그 자리에서 올바르고 평등한 완전한 깨달음을 얻으라고 말합니다.

관음경의 핵심은 바로 이것입니다.

어떤 사람이 길을 가다가 금족제비 한 마리를 얻었습니다. 그는 행여 놓칠세라 소중하게 품에 안고 길을 재촉했습니다. 그러다 강을 건너게 되었습니다. 나그네는 옷을 벗어야 했기에 안고 있던 금족제비를 조심스레 내려놓았습니다. 그런데 바닥에 내려진 순간 금족제비가 독사로 변하는 것이었습니다.

놀란 나그네는 무척 두려웠습니다. 하지만 처음 금족제비였을 때 품었던 마음을 끝까지 변치 않기로 다짐했습니다.

'그래, 길을 가다가 독사에게 물려죽는 한이 있더라도 꼭 품에 안고 가겠어.'

독사는 자신을 무서워하지 않고 소중하게 안고 가겠다는 그의 마음에 감동하고 말았습니다. 독사는 다시 금족제비로 변했습니다.

그런데 이 광경을 옆에서 지켜본 사람이 있었습니다. 그는 자기도 독사를 안으면 급족제비로 변하리라 생각하고 수풀을 뒤져 독사를 한 마리 잡았습니다. 하지만 품에 안는 순간 독사에게 물려 죽고 말았습니다.

수행도 마찬가지입니다. 우리의 내면에는 금족제비와 같은 희귀한 보물이 있습니다. 마음의 수행을 통해 그 보물을 내 것으로 만들어 보지만, 조금만 틈을 주면 번뇌 망상의 독사가 되어 우리들을 위협하고 두렵게 합니다.

그러나 처음 발심한 마음을 굳건히 간직하고 열심히 수행하다 보면, 마침내 번뇌 망상은 사라지고 늘 금부처와 함께 할 수 있습니다. 어떤 상황이 벌어지더라도 순수한 마음 · 믿는 마음 · 순응하는 마음을 끝까지 버리지 않는다면 깨달음은 멀리 있지 않습니다.

십여 년 전 강원도 토굴에서 정진을 할 때의 일입니다.

법당에서 목탁을 치며 관세음보살을 부르니 이제는 죽어도 여한이 없다는 생각이 드는 것이었습니다. 그렇게 기도를 마치고 좌선을 하였습니다. 기도를 마치고 법당을 나와 방에 들어가다가 문득 왼쪽 하늘을 쳐다보게 되었습니다. 그때 하늘을 왜 쳐다봤는지는 잘 모르겠습니다.

겨울 하늘은 청명하기만 한데 갑자기 하늘이 일렁거리며 무너져 내리려고 하는 것이었습니다. 순간 나는 허공으로 무너져 내리려 하는 하늘을 잡아버리고 말았습니다. 그러자 청명한 하늘로 다시 돌아갔고, 나는 방으로 들어가 버렸습니다.

인연이 성숙하지 못하여 아까운 순간을 놓치고 말았던 것입니다. 그 뒤로 나는 관세음보살을 생각하는 위신력과 가피를 재차 확인했고, 관음염불선의 수승함을 깨달았습니다.

어느 때, 어느 곳에서든 관세음보살님과 함께하리라.

오로지 관음염불을 수행하며 중생을 교화하겠노라는 제 원력은 그렇게 세워졌고 또 그렇게 굳건해졌습니다.

제 8장

염불선念佛禪의 길

· 염불의 공덕 ·

염불念佛이란 부처님을 생각하는 것을 말합니다.

부처님의 명호를 생각하든지, 부처님의 거룩한 모습을 생각하든지, 부처님의 마음과 다름이 없는 우주법계를 관觀하든지 이것은 모두 같은 염불입니다. 염불의 매력은 불보살님을 떠올리고, 자꾸 생각하고, 기억하여 그 분들의 원력과 아름다운 모습을 점점 닮아 가는 것에 있습니다.

염불은 자신의 수행을 스스로 점검할 수 있다는 장점이 있습니다. 내 자신이 염불하는 부처님의 원력과 행동에 점점 닮아가고 있구나! 하는 생각이 들면 그 수행은 바른길을 가고 있는 것입니다. 반면에 중생에 대한 자비심이 없고 탐욕과 성냄, 어리석음의 삼독심三毒心에 빠져 참회할 줄을 모르면 그 수행은 그릇된 길을 가는 것입니다.

관세음보살을 염하면 몸과 마음이 청정해집니다. 관세음보살님처럼 크고 청정한 원력을 일으키고, 그 원력에 따라서 수행을 하면 하나하나 성취해 나갑니다. 세간(世間, 사람들이 사는 세상)과 출세간(出世間, 세상을 벗어난 청정한 세계)을 동시에 가질 수 있는 것이 관음염불이요, 이상(理)과 현실(事)이 하나로 원융해서 걸림이 없는 수행이 관음수행입니다.

염불수행을 하려면 한 분의 부처님을 선택해야 됩니다.

불교에는 석가모니불 · 아미타불 · 관세음보살 · 지장보살 · 문수보살 · 보현보살 등 많은 불보살님이 계십니다. 이 불보살님들은 서로가 세운 원력과 그 원력으로 완성한 국토가 다릅니다. 때문에 자신에게 맞는 불보살님을 선택하여 염불수행을 해야 하는 것입니다.

관음염불을 하는 분께 아미타염불이 더 낫다고 하고, 지장염불을 하는 분께 관음염불로 바꾸라고 하면 곤란합니다. 아미타염불을 하든 관음염불을 하든 지장염불을 하든 하나만 가지고 열심히 해서, 생각 생각이 서로 이어져 나가야 염불공부가 바르게 숙달되는 것입니다.

불교는 깨달음의 종교입니다.

작게 깨치든지, 크게 깨치든지 일단 깨달은 뒤에야 생사를 벗어나는 길이 열리고 보이는 것입니다. 깨닫는다는 것은 내 안의 아름다움 – 텅 비어 있는 절묘한 모습을 보는 것입니다. 그것을 견불見佛 또는 견성見性이라고 합니다. 관세음보살을 부르나, 아미타불을 부르나 일념을 만들어서 오래오래 한 생각이 지속되면 내 안의 부처를 볼 수 있습니다.

석가모니불과 아미타불 기도는 '도를 이루겠다는 대정진의 염불'이 되어야 하며, 지장보살 기도는 '지옥이 텅 빌 때까지 성불하지 않겠다는 대원의 염불'이 되어야 합니다.

관세음보살 기도는 '대자비의 인격과 지혜를 구족하고 이理와 사事에 걸림이 없는 염불'을 성취함으로써 극락왕생까지 보장받을 수 있습니다. 불공不空스님이 천수경의 비밀에서 "관세음보살을 서방정토에서는 무량수불이라 부른다."고 한 것도 그 때문입니다.

관음염불은 어머니 같은 따뜻한 마음으로 감싸주기에 누구에게나 잘 맞고, 하기 쉽고, 공부의 성취가 빠르며, 안전하고, 확실한 공부입니다. 처절하고, 애절하게, 한 자 한 자 또렷하게 마음과 입으로 불러야 합니다. 그래야 관세음보살님과 내가 항상 같이하며, 깨달음을 얻은 뒤에도 내 자신이 관세음보살이 되는 것입니다. 관음경은 "관세음보살을 일심칭명하면, 관세음보살은 즉시에 그 음성을 관하고 해탈케 한다."고 하였습니다.

염불수행은 일념을 만드는 것이 핵심입니다. 그래야지만 일심의 삼매에 들을 수 있기 때문입니다. 하지만 일념一念이나 일심一心이 쉽게 이루어지는 것은 아닙니다. 관세음보살 칭명기도를 병행해서 마음이 순일해지고 한 생각이 오래 지속되어, 시간과 공간을 잊는 경계에 이른 뒤에야 이루어질 수 있는 것입니다.

모든 것을 이룰 수 있는 힘이 일심이요 일념입니다.

불자든 불자가 아니든 일심으로 관세음보살을 부르십시오. 그러면 고난과 괴로움을 즉시에 해결할 것이며 깨달음도 얻을 것입니다.

관음염불을 오래하면 염력이 생기고, 저절로 염불선이 됩니다. 한 번 관음염불을 시작했으면 관음염불로 계속 밀고 나가십시오. 이것 했다, 저것 했다하며 소중한 인생을 무의미하게 보내지 마십시오. 확실히 해서 수행의 힘을 얻어 보십시오. 관음염불은 관세음보살을 부여잡고, 밀고 끌고 당기고 즐기면서 나아가는 것입니다.

염불의 공덕에 대해 『증일아함경』은 이렇게 말합니다.

"마땅히 한 법을 수행하고, 마땅히 한 법을 널리 펴라. 한 법을 수행하면 문득 명예가 있게 되고, 큰 과보를 이루며, 모든 선善이 널리 퍼지게 되고, 감로의 맛을 얻어 무위처(조작하지 않아도 언제나 이루어지는 순수한 마음)에 이르며, 문득 신통을 이루어 모든 어지러운 생각을 제거하여 열반에 이른다. 어떤 것을 한 법이라 하는가? 이른바 염불이다."

관세음보살의 또 다른 명호가 정법명왕여래正法明王如來라는 것과 함께 생각해보면 관음염불이 정법인 것입니다. 관음염불은 관세음보살의 마음을 바로 받는 이심전심以心傳心의 정통 수행법입니다. 무엇을 망설이십니까?

오로지 부처님 한 생각에 집중하라 – 염불삼매와 일행삼매

삼매三昧란 마음이 하나의 대상에 완전히 몰입해서 마음에 잡념이 없는 안정된 상태를 말합니다.

마음이 염불에 완전히 몰입되어 있는 것을 염불삼매念佛三昧라 하고, 마음이 법계에 완전히 몰입되어 있는 것을 일행삼매一行三昧라 합니다. 이 중 염불삼매를 모든 삼매 중의 최고인 삼매의 왕, 삼매의 꽃이라 합니다. 염불삼매를 삼매의 꽃이라고 하는 것은 그 경계가 매우 깊어서 끝까지 궁구하기가 어렵기 때문입니다. 그 몰입된 텅 빈 마음에서 이치와 현상을 바르게 볼 때 비로소 지혜가 발현될 수 있습니다.

석가모니 부처님께서 전하신 수승하고 광대한 염불 법문은 시방세계의 모든 무리들을 통합해서 섭수하기에 한계가 없는 것입니다. 화엄은 물론 법화에 이르기까지 염불삼매를 찬양하고 있으니, 문수·보현 등의 대보살들도 염불삼매를 닦아 증득했던 것입니다. 그러기에 염불 법문은 원교(圓敎, 완성된 가르침)이고 돈교(頓敎, 바로 깨닫는 가르침)인 것입니다.

『문수반야경』에서는 우주법계 그 자체를 일행삼매로 보고 있는데, 그 구체적 방법은 염불로써 일행삼매를 얻어 한량없는 공덕을 성취하는 것을 말하고 있습니다. 천태종의 개창조인 천태대사는 자신의 저서 『마하지관』

에서 일행삼매를 다시 사종삼매四種三昧 - 상좌삼매(常坐三昧 : 항상 앉아서 하는 삼매), 상행삼매(常行三昧: 항상 다니면서 하는 삼매), 반행반좌삼매(半行半坐三昧: 반은 앉고 반은 다니면서 하는 삼매), 비행비좌삼매(非行非坐三昧: 앉음도 아니고 다님도 아닌 삼매) - 로 나누어 설명하고 있습니다.

일행삼매의 실천자로 유명한 스님은 선종의 4대 조사祖師 도신스님입니다. 도신스님은 황매현 쌍봉산에 주석하며 30여년 간 중생교화를 하셨습니다. 황매산은 사공산, 천주산과 더불어 '선의 황금 삼각지'로 불리는 곳입니다. 서로 1백여 리 간격을 두고 있는 이 지역에서 2조 혜가스님·3조 승찬스님·4조 도신스님·5조 홍인스님 등이 1백여년 간 선을 중흥시켰기에 선의 삼각지라 불렀던 것입니다. 3조 승찬스님까지 개별적으로 전해지던 법은 도신스님에 이르러 수행자뿐 아니라 일반 대중에게까지 널리 퍼지게 됩니다. 초창기 특정한 거주처가 없이 율원 등의 사찰에서 함께 수행하던 선종禪宗 수행자들이 도신스님 때에 이르러서야 비로소 도량을 이루어 수행정진하며 법을 전했던 것입니다.

도신스님은 일행삼매를 의지해 수행했으며, 일행삼매로 대중을 교화했는데, 스님은 「입도안심요방편법문」入道安心要方便法門에서 이렇게 말씀하십니다.

"인연이 있고 근기가 익은 자를 위해 말하리라. 나의 이 법요는 모든 부처님의 심지법문 중에 제일인 능가경에 의지한다. 또 문수설반야경文殊說般

若經의 일행삼매에 의지하니 부처님을 생각하는 마음이 부처요, 망념이 범부인 것이다."

『문수설반야경』은 일행삼매에 드는 방법을 다음과 같이 말합니다.

"선남자 선녀인이 일행삼매에 들고자 하면, 비고 한적한 곳에서 모든 어지러운 생각을 버리고 모습을 취하지 않고 마음을 한 부처님에게 매어 오로지 명호를 칭명해야 한다. 부처님이 계신 방향을 따라 몸을 바르게 하고 바로 앉아서, 한 부처님에 대해 생각 생각이 서로 이어지면 곧 이 생각 안에서 과거 · 미래 · 현재의 모든 부처님을 보게 된다. 왜냐하면, 한 부처님을 생각한 공덕은 무량무변하며, 역시 무량한 모든 부처님의 공덕과 둘이 아니어서 부사의하며, 불법이 평등하여 분별이 없고, 모두 일여一如를 타고 바른 깨달음을 이루어 모두가 무량의 공덕과 무량의 변재를 얻기 때문이다."

『대승기신론』은 이 일행삼매를 모든 삼매의 근본이라 설하고 있습니다.

"부처님의 법신과 중생의 몸이 평등해서 둘이 아니니 이를 일행삼매라 한다. 진여가 삼매의 근본이니, 만약 사람이 닦아 행하면 점점 한량없는 삼매를 낼 수 있다."

이렇듯 일행삼매를 신여삼매眞如三昧로 설한 대승기신론은 그 행법으로 염불수행을 말합니다. 염불삼매를 얻는 방법에 대해서는 능엄경에서 대세지보살이 밝힌 다음의 말씀이 자세하고 친절하다고 할 수 있습니다.

"초일월광부처님이 제게 염불삼매를 가르치셨는데, 마치 어떤 사람은 한결같이 억념憶念하기를 오로지하고, 다른 사람은 잊어버리기를 오로지한다면 이와 같은 두 사람은 만약 만났더라도 만난 것이 아니며, 혹은 보았더라도 본 것이 아닐 것이다. 두 사람이 서로 억념하고 두 억념이 깊어지면, 이와 같이 내지 이생으로부터 저 생에 이르기까지 형체와 그림자가 같아서 서로 어긋나지 아니하는 것처럼, 시방의 여래가 중생을 가엾게 여기듯 어머니가 아들을 생각하는 거와 같은 것이니, 만약 아들이 도망하여 가버린다면 비록 생각한들 무슨 이로움이 있는가? 아들이 만약 어머니를 생각하는 것이 어머니가 아들을 생각할 때와 같다면, 어머니와 아들이 여러 생을 지나도록 서로 어그러져 멀어지지 아니할 것이다. 만약 중생의 마음에 부처님을 억념하고 생각하면 현재나 오는 세상에 반드시 부처님을 볼 것이며, 부처님과 멀지 않아서 방편을 쓰지 않더라도 저절로 마음이 열리는 것이, 향내를 물들이는 사람의 몸에 향기가 배는 거와 같으니, 이것을 '향광장엄' 香光莊嚴이라 한다."

염불삼매는 부처님을 한결같이 억념하고 생각해서 마음에 명호를 각인시켜 놓아서 그 생각 중에서 부처님을 보는 것입니다. 또한 일행삼매는 비록 좌선의 형태를 보였지만 중요한 것은 한 부처님을 오로지 생각하여 생각이 서로 이어져야 참된 일행삼매라 할 수 있습니다.

이상으로 보면 염불삼매가 일행삼매이고, 일행삼매가 진여삼매이니,

진여삼매가 염불삼매와 다름이 없습니다. 곧 염불선이 최상승선(最上乘禪, 인간의 본래 불성을 깨닫는 선)이요, 여래청정선(如來淸淨禪, 닦는다거나 좌선하지 않는 것)인 것입니다. 염불삼매와 일행삼매, 진여삼매가 모두 반야바라밀의 진공묘유(眞空妙有, 참된 공의 부처님 세계)란 것이지요.

내가 관음이요, 관음이 내가 되는 관음염불선

 선禪이란 자기 자신을 바로 알고 내면을 똑바로 보는 안목을 갖추는 것입니다. 마음의 안과 밖, 깊숙한 곳과 얕은 곳을 알아차리고 보아서 생사生死를 벗어나고 스스로 자기 삶의 주인공이 되는 것이 선입니다. 무명의 어리석음을 단번에 부수어 불생불멸不生不滅의 자신을 문득 회복하여 활연 자재하여 무엇에도 걸림이 없는 무위도인無爲道人의 인생을 사는 것입니다.
 선에는 원래 여래선이나 조사선, 묵조선이라는 것이 따로 없습니다. 다만 후대 사람들이 만들어 놓은 기준에 따라 이것이 옳다. 저것이 옳다하는 시비분별선是非分別禪이 되어버린 것입니다. 모두가 마음바다에서 나오고 하나의 뿌리에서 퍼진 방편이거늘, 사람들의 시시비비로서는 참다운 선이 될 수 없는 것입니다.
 불법은 그 해석도 회통적(하나로 모아 서로 통하게 함)이어야 합니다.
 법法도 비법非法도 모두가 불법이니, 불법 아닌 것은 아무것도 없습니다. 비록 그 방법이 다르다 해도 마음바다라는 커다란 용광로에 융합시켜서 한 맛을 내게 해야 하는 까닭이 여기에 있습니다. 부처님께서 주로 말씀하신 여래선이나 달마스님 이후 발전한 조사선은 둘이 아닙니다.
 조사선이란 명칭은 인도에서 중국으로 건너온 중국 선종의 초조 달마스님이 전한 선이라는 의미입니다. 조사선은 불립문자(不立文字, 문자를 쓰지 않음)·교외별전(敎外別傳, 부처님 가르침과 달리 전함)·직지인심(直指人心, 곧장 사람의 마음을 가리킴)·견성성불(見性成佛, 자신의 성품을 보아 부처를 이룸)을 주장합니다. 마음을 바로 가리켜 본래의 성품을 보고 성불하는 격외의 도리를 가르치며, 조사가 제자에게 법을 전하는 사자상승선師子相承禪을 말합니다. 조사선은 말의 자취와 생각의 길이 함께 끊어져서 이치나 일에 걸림이 없는 것을 가풍家風으로 삼습니다.

달마스님의 다음 법문은 조사선의 특징을 잘 알려줍니다.

"밖으로 모든 인연을 쉬고 안으로는 마음에 헐떡거림이 없어서 마음이 장벽과 같으면, 가히 도에 들어갈 수 있다."

<small>外息諸緣 內心無喘 心如障壁 可以入道</small>

말과 생각이 함께 끊긴 것이 조사선이라는 것입니다.

이와 달리 여래선은 말의 자취가 있고, 이치의 길이 남아 있는 것이라고 정의합니다. 자성의 공적(空寂, 텅 비고 고요함)을 보아 무념이 되면 곧 일념이며, 일념이 곧 일체지一切智이고 반야바라밀이며 진공묘유라는 이것이 여래선입니다. 부처의 경지에 머물면서 중생을 교화하여 부사의한 일을 성취하는 것이 곧 여래선이라는 의미입니다.

중국 화엄종 오조인 규봉 종밀스님은 그의 저서 『선원도서』에서 여래선

에 대하여 다음과 같이 말합니다:

"만약 자성을 문득 깨달으면 자기의 마음이 본래 청정하며, 원래 번뇌가 없고, 무루 지혜의 성품이 본래 구족되어 있으니, 이 마음이 부처이니 마침내 부처와 다름이 없다고 하였다."

조사선을 여래선보다 위에다 놓기도 하지만, 이는 조사선의 선두주자였던 6조 혜능스님의 제자인 하택 신회스님이 6조의 법을 선양코자 여래선의 선두주자인 신수스님을 폄하하면서 비롯된 잘못된 견해입니다.

다만 각각의 특성을 본다면 여래선은 자비, 조사선은 지혜를 보다 더 지향한다고 볼 수 있습니다. 여래선은 중생을 위한 선이고, 조사선은 고차원적인 지견智見의 선인 것입니다. 하지만 이러한 두 선禪의 장단점을 모두 다 해결할 수 있는 수행법이 있으니, 그것이 곧 염불선입니다.

관음염불선은 여래선과 조사선을 통합 수행하는 최선의 수행법입니다.

항상 관세음보살을 생각함으로써 여래선이 되고 조사선이 되는 것입니다. 어떤 시비 분별도 없이 관세음보살을 염하므로 자비와 지혜에 걸림 없이 관세음보살, 즉 부처와 한 몸이 되는 것이 관음염불선이기 때문입니다.

항상 관세음보살을 생각하라.	常念觀世音 상념관세음
이것이 여래선이며	此是如來禪 차시여래선
또한 조사선이로다.	亦爲祖師禪 역위조사선

그러면 염불과 염불선을 어떻게 정의할 것인가?

요즘 염불선 수행이 각광을 받고는 있으나, 아직까지 체계가 잡히지 않아 염불선에 대해 이렇다, 저렇다 말이 많은 것도 사실입니다. 공부가 깊어지면 염불이나 염불선이 다 같아지지만 굳이 정의를 내리자면 이렇습니다.

첫째, 내 자신이 부처와 조금도 다름없다는 것을 믿고, 마음 안에서 불성을 보고 성품을 찾는 수행, 즉 자신이 부처가 될 수 있다는 '대신심' 大信心이 갖추어진 염불이 염불선입니다.

둘째, 자신의 안위뿐만 아니라, 성불하여 일체중생을 자비와 지혜로 제도하고, 세상을 불국토로 바꾸는데 앞장서겠다는 '대원력' 大願力의 정진, 청정한 원력을 갖춘 보살심의 염불이 염불선입니다.

셋째, 화두는 강한 의정심疑情心에 의해 의심덩어리(疑團)가 오롯이 드러나지만(獨露), 염불은 간절한 마음이 있어야 일념의 '염불독로'가 만들어 집니다.

넷째, 염불이라는 것은 '마음속에서 칭명'이 돼야 참 염불인데, 다만 입으로만 불보살을 외우는 것은 송불誦佛일 뿐, 진정한 의미의 염불선은 아닙니다.

관음염불선은 관세음보살을 칭명해서, 마음 안에서 관세음보살을 생각하고 끊임없이 각인시켜서 저절로 생각나게 하는 것입니다. 관세음보살에 대한 생각 생각이 끊이지 않게 하여 일념과 일심을 만들고, 이 일념이 지속되면 관세음보살이 항상 생각과 마음속에서 떠나지 않게 됩니다. 꿈속에서도 염불이 나오고, 삶에서도 흔들리지 않으면 비로소 내 안의 관음이 발현됨을 볼 수 있습니다. 내가 관음이요, 관음이 내가 되어서 관세음보살의 눈으로 세상을 바라보고, 관세음보살의 마음으로 보살행을 하게 될 것입니다.

중요한 것은 관세음보살에 대한 생각이 끊임없이 이어져 나가야 한다(念念相續)는 것인데, 대부분의 염불선 수행자가 넘지 못하는 지점이 바로 여기입니다.

관음염불이 처음부터 마음속에서 나오기는 힘듭니다. 설사 나온다 하더라도 몇 생각을 넘기기가 어렵습니다. 처음 관음염불선을 시작하는 수행자는 입과 마음으로 힘차고 간절하며, 처절하게 고성으로 관세음보살을 불러야 합니다. 그래야 몸과 마음에서 부드럽고 순수한 관세음보살 염불이 나옵니다. 사찰에서 행하는 칭명기도에 동참하길 권하는 것도 그 때문입니다. 그렇게 하루, 이틀… 한 달, 두 달이 지나 몇 년의 세월이 흐르면 관세음보살이 서로서로 이어져 한 덩어리가 되는 것입니다.

행주좌와(行住坐臥, 일상생활) 어묵동정(語默動靜, 하루 종일 쓰는 마음)에 관세음보살을 느리지도 않고, 너무 빠르게 하지도 말며, 끊이지 않고 간절하게 만들어 칭명하고, 자주 회광반조(廻光返照, 빛을 돌이켜 자신의 내면을 바라봄) 해야 합니다. 이렇게 만들어 놓으면 좌선坐禪과 입선立禪 그리고 와선臥禪과 행선行禪이 자유롭게 되는데, 이때가 좋은 시절입니다.

그러나 꼭 유념해야 할 점은, 이 경계에 이르면 업장이 녹는 과정에서 오는 마장과, 선정의 힘에서 오는 장애가 있다는 것입니다.

이러한 장애는 수행의 기본이 탄탄할수록 그 극복도 **빠릅**니다. 오늘날의 참선은 대게 좌선에서부터 시작합니다. 좌선은 처음 참선에 입문한 수행자가 익혀야 할 기본과정입니다. 이 기본과정을 쉽게 생각하면 안됩니다. 좌선이 익지 않으면 기초 작업 없이 고층건물을 올리는 거와 같아서 참선에도 곧 재미를 잃게 됩니다.

좌선의 기본자세는 가부좌인데, 반가부좌도 무방합니다. 좌선은 좌복을 깔고 자리에 앉아, 다리의 양 무릎이 좌복에 닿게 하여 몸을 정삼각형으로 만드는 것에서부터 시작됩니다. 자세가 갖춰지면 온몸의 힘을 풀고 허리뼈를 곧게 세운 뒤, 혀를 입천장에 살며시 갖다 붙입니다. 눈은 감거나 크게 뜨지 않으며 그저 평상시처럼 눈에 힘을 뺀 채, 2미터쯤 전방에 시선을 두고 한 곳을 응시하여야 합니다.

숨을 쉬는 것은 수식관을 말하나, 염불수행에 있어서는 오로지 관세음보살에 매어 놓고 무의식적으로 복식호흡을 하여야합니다. 관세음보살에 대한 생각이 간절해 서로서로 이어져 한 덩어리가 만들어지고, 그 한 덩어리가 오래오래 지속되도록 일념을 만드는 것입니다. 그렇게 그 일념이 만년萬年 되게 하여 자신도 잊고 세상일도 잊어버려야 합니다. 관음염불이 재미있거나 재미가 없거나, 멍청한 바보가 되어도 한결같아야 합니다.

그러다 시절인연이 찾아와서 관세음보살의 인도함을 만나거나, 스스로 한 생각이 문득 끊어져 툭하고 터지면서 큰 깨달음을 얻나니, 아름답고 미묘한 관음법신과 자신의 성품이 다르지 않음을 보게 되는 것입니다.

그렇다고 곧바로 세상 밖으로 나올 일은 아닙니다.

조용한 곳이든지 세속에서든지 이미 본 자신의 관음성품을 오롯이 하여 깨달음을 증득해야 합니다. 그렇게 생사를 벗어난 성스러운 몸과 마음을 확립한 뒤에야 세상 인연을 따를 것이니, 그때엔 일체 모든 만물을 교화해서 이익을 주며, 그 복이 세상에 퍼지도록 해야 합니다.

내가 불법을 멀리할 뿐, 불법이 나를 멀리하지 않습니다.

내가 불법을 속이지, 불법이 나를 속이지 않습니다.

이 수행이 옳다, 저 수행은 옳지 않다, 저것은 나쁘고 이것이 좋다하며 시시비비를 따질 여유가 없습니다.

관음염불선을 해보십시오. 당신이 바로 관세음보살입니다.

항상 관세음보살을 몸과 마음으로 칭명하십시오. 당신의 인생이 밝아질 것입니다. 언제 어디에 있든지 관세음보살을 잊지 마십시오. 당신의 미래가 몰라보게 달라질 것입니다.

관은 빛이니 무념이고,

세음은 소리이니 무주이며,

보살은 지혜이니 무상입니다.

부 록

우리말 관음경

그때에 무진의보살이 자리에서 일어나 옷을 한쪽으로 치우쳐 오른쪽 어깨를 드러내고, 부처님 계신 곳을 향해 합장을 하고 이런 말을 하였다.

"세존이시여! 관세음보살은 무슨 인연으로 이름을 관세음이라 합니까?"

부처님께서 무진의보살에게 말씀하셨다.

선남자야, 만약 한량없는 백천만억의 중생이 온갖 고난과 고통을 받을 적에 '관세음보살'의 명호를 듣고 일심으로 관세음보살을 부르면, 관세음보살은 즉시에 그 음성을 관하고 모두에게 해탈을 얻게 하느니라.

만약 관세음보살의 이름을 마음으로 지닌 자가 있다면, 가령 큰 불속에 들어가더라도 불이 그를 태우지 못하나니 이는 관세음보살의 '위신력' 때문이니라.

만약 큰물에 빠져 흘러갈지라도 관세음보살을 부르면 곧 얕은 곳으로 이르게 되느니라.

만약 백천만억이나 되는 중생이 금·은·유리·자거·마노·

산호·호박·진주 등의 보배를 구하기 위해 큰 바다에 들어갔을 때에 맹렬히 부는 회오리바람을 만나 나찰귀의 나라에 흘러들어갈지라도, 그중에 한 사람이라도 관세음보살의 명호를 부르는 자가 있으면 모든 사람들이 나찰의 난難을 벗어나게 되리니, 이 인연으로 이름을 '관세음'이라 하느니라.

다시 어떤 사람이 해를 입게 되었을 때에도 관세음보살을 부르면 저들이 잡은 칼과 몽둥이가 조각조각 부서져서 해탈을 얻게 되느니라.

만약 삼천대천국토에 가득한 야차와 나찰들이 와서 사람을 괴롭히려고 하여도 관세음보살의 명호를 부르는 소리를 듣게 되면, 모든 악귀들이 오히려 악한 눈으로 볼 수가 없거늘, 어찌 해를 입힐 수가 있겠느냐.

또한 어떤 사람이 죄가 있거나 죄가 없거나 쇠고랑을 차거나 목에 칼이 잠겨있고 그 몸이 묶여있을 때에, 관세음보살의 명호를 부른다면 모두 끊어지고 부서져서 곧 해탈을 얻게 되느니라.

만약 삼천대천국토에 원수와 도둑들이 가득한데 한 상인의 우두머리가 여러 상인들을 데리고서 값진 보배를 지니고 험한 길을 지

나갈 때, 그중 한 사람이 소리를 내어 말을 하기를,

"모든 선남자들이여, 두려워하지 마시오. 그대들은 마땅히 일심으로 관세음보살의 명호를 불러보십시오. 이 보살은 두려움을 없애주는 것으로서 모든 중생들에게 베풀어주십니다. 그대들이 만약 명호를 부른다면 원한이 있는 도둑들에게 벗어날 수 있을 것이오."

모든 상인들이 이 말을 듣고 모두 소리 내어서 '나무관세음보살'의 명호를 불렀다. 그 명호를 불렀기 때문에 그들은 곧 해탈을 얻게 되느니라.

무진이여, 관세음보살마하살의 '위신력'은 이와 같이 매우 높고 크느니라.

만약 어떤 중생이 음욕이 많더라도 항상 관세음보살을 생각하고 공경하면 문득 음욕이 떠나가고

만약 성냄의 마음이 많더라도 항상 관세음보살을 생각하고 공경하면 문득 성내는 마음이 떠나가고

만약 어리석은 마음이 많더라도 항상 관세음보살을 생각하고 공경하면 문득 어리석은 마음이 떠나가게 되느니라.

무진의여, 관세음보살은 이와 같은 대위신력이 있어서 사람을

이롭게 하는 것이 많으니라.

이렇기 때문에 중생들은 항상 마음으로 생각해야 하느니라.

만약 어떤 여인이 아들을 낳고자 하여 관세음보살을 예배하고 공양하면 문득 복덕과 지혜가 있는 아들을 낳을 것이며, 딸을 낳고자 하면 문득 단정하고 예쁜 딸을 낳으리니 숙세에 덕의 근본을 심었기에 많은 사람들에게 사랑과 공경을 받을 것이니라.

무진의여, 관세음보살은 이와 같은 힘이 있느니라.

만약 어떤 중생이 관세음보살을 공경하고 예배하면 그 복은 헛되지 않으리니, 이렇기 때문에 모든 중생은 관세음보살의 명호를 받아 지녀야 하느니라.

무진의여, 만약 어떤 사람이 육십이억 항하의 모래 수만큼의 보살의 명호를 받아 지니고 또한 목숨이 다할 때까지 음식과 의복과 침구와 의약으로 공양한다면, 그대는 어떻게 생각하는가? 이 선남자 선녀인의 공덕이 많겠는가?

무진의보살이 대답하였다.

"매우 많습니다. 세존이시여."

부처님께서 말씀하셨다.

만약 다시 어떤 사람이 관세음보살의 명호를 받아 지녀서 한때라도 예배하고 공양한다면, 이 두 사람의 복이 똑같고 다름이 없어서 백천만억 겁이 지나더라도 다하여 없어지지 않느니라.

무진의여, 관세음보살의 명호를 받아 지니면 이와 같이 한량이 없고 끝이 없는 복덕의 이익을 얻게 되느니라.

무진의보살이 부처님께 아뢰었다.

"세존이시여, 관세음보살은 어떻게 이 사바세계를 다니시고, 어떻게 중생을 위하여 법을 설하시며, 그 방편의 힘은 어떠하옵니까?"

부처님께서 무진의보살에게 말씀하셨다.

선남자야, 만약 어떤 국토의 중생이 '부처님 몸으로 응화하여 제도할 자가 있으면 관세음보살은 곧 부처님의 몸을 나타내어 그를 위해 법을 설하고'

'벽지불의 몸으로 응화하여 제도할 자가 있으면 곧 벽지불의 몸을 나타내어 그를 위해 법을 설하고'

'성문의 몸으로 응화하여 제도할 자가 있으면 곧 성문의 몸을 나타내어 그를 위해 법을 설하며'

'범왕의 몸으로 응화하여 제도할 자가 있으면 곧 범왕의 몸을 나

타내어 그를 위해 법을 설하고'

'제석의 몸으로 응화하여 제도할 자가 있으면 곧 제석의 몸을 나타내어 그를 위해 법을 설하고'

'자재천의 몸으로 응화하여 제도할 자가 있으면 곧 자재천의 몸을 나타내어 그를 위해 법을 설하며'

'대자재천의 몸으로 응화하여 제도할 자가 있으면 곧 대자재천의 몸을 나타내어 그를 위해 법을 설하고'

'천대장군의 몸으로 응화하여 제도할 자가 있으면 곧 천대장군의 몸을 나타내어 그를 위해 법을 설하고'

'비사문의 몸으로 응화하여 제도할 자가 있으면 곧 비사문의 몸을 나타내어 그를 위해 법을 설하며'

'소왕의 몸으로 응화하여 제도할 자가 있으면 곧 소왕의 몸을 나타내어 그를 위해 법을 설하고'

'장자의 몸으로 응화하여 제도할 자가 있으면 곧 장자의 몸을 나타내어 그를 위해 법을 설하고'

'거사의 몸으로 응화하여 제도할 자가 있으면 곧 거사의 몸을 나타내어 그를 위해 법을 설하며'

'재관의 몸으로 응화하여 제도할 자가 있으면 곧 재관의 몸을 나타내어 그를 위해 법을 설하고'

'바라문의 몸으로 응화하여 제도할 자가 있으면 곧 바라문의 몸을 나타내어 그를 위해 법을 설하고'

'비구·비구니·우바새·우바이의 몸으로 응화하여 제도할 자가 있으면 곧 비구·비구니·우바새·우바이의 몸을 나타내어 그를 위해 법을 설하며'

'장자·거사·재관·바라문부인의 몸으로 응화하여 제도할 자가 있으면 곧 부인의 몸을 나타내어 그를 위해 법을 설하고'

'동남·동녀의 몸으로 응화하여 제도할 자가 있으면 곧 동남·동녀의 몸을 나타내어 그를 위해 법을 설하고'

'천·용·야차·건달바·아수라·가루라·긴나라·마후라가·인·비인 등의 몸으로 응화하여 제도할 자가 있으면 곧 그들에게 모두 나타내어서 법을 설하고'

'집금강의 몸으로 응화하여 제도할 자가 있으면 곧 집금강의 몸을 나타내어 그를 위해 법을 설하며'

무진의여, 이 관세음보살은 이와 같은 공덕을 성취하여 갖가지의 모습으로 모든 국토를 다니시면서 중생을 제도하고 해탈케 하느니라.

이러하기 때문에 그대들은 일심으로 '관세음보살'께 공양해야 하느니라. 이 관세음보살마하살은 두렵고 다급한 재난 속에서도 두려움을 없게 하나니 이런 까닭에 사바세계에서 모두 '두려움을 없게 하고 편안함을 주는 자'라 하느니라.

무진의보살이 부처님께 사뢰었다.

"세존이시여 제가 지금 관세음보살께 공양을 올리겠습니다."

하고는 온갖 보배구슬로 장식된 백천냥금의 가치가 있는 목걸이를 풀어 바치면서 말을 하였다.

"인자이시여, 이 법시法施인 진귀한 보배 목걸이를 받아주소서."

이때에 관세음보살은 받지 않으시니, 무진의보살이 다시 관세음보살께 말하였다.

"인자이시여, 저희들을 불쌍히 여기시어 이 목걸이를 받으소서."

그때에 부처님께서 관세음보살에게 말씀하셨다.

"이 무진의보살과 사부대중·천·용·야차·건달바·아수라·가루라·긴나라·마후라가·인·비인 등을 불쌍히 여겨서 이 목걸이를 받으라."

곧 바로 관세음보살은 사부대중과 천·용·인·비인 등을 불쌍히 여겨서 목걸이를 받은 다음 둘로 나누어서 한몫은 석가모니부처님께 바치고 한몫은 다보부처님 탑에 바치었다.

"무진의여, 관세음보살은 이와 같은 자재한 신통력이 있어서 사바세계에 다니느니라."

그때에 무진의보살이 게송으로 여쭈었다.

묘한 상호를 구족하신 세존이시여
제가 지금 다시 여쭈옵니다.
불자는 어떤 인연이 있어서
관세음이라 하옵니까?

묘한 상호를 구족하신 세존께서
게송으로 무진의에 대답하셨다.
그대는 들으라. 위대한 관음행이
어느 곳이든지 잘 응應하느니라.

넓고 깊은 서원 바다와 같고
불가사의한 세월을 지나는 동안에
천억의 부처님을 모두 모시고
크나큰 청정한 원을 세우셨네.

내가 그대를 위해 간략히 말하노니
명호를 듣고 몸을 보아서
마음과 생각에서 잊지 아니하면
능히 모든 고난과 고통이 없어지리라.

가령 헤치려는 생각을 하는 사람이
큰 불구덩이에 밀어서 떨어뜨려도
관세음보살을 생각하는 힘으로
불구덩이가 연못으로 변하리라.

혹은 큰 바다에 표류하면서
용과 물고기와 모든 귀신의 난을 만나도

관세음보살을 생각하는 힘으로
파도가 그를 삼키지 못하리라.

혹은 수미산 봉우리에서
어떤 사람이 밀어 떨어뜨려도
관세음보살을 생각하는 힘으로
해와 같이 허공에 머무르며

혹은 악인에게 쫓기게 되어
금강산에 떨어지게 되더라도
관세음보살을 생각하는 힘으로
털끝 하나도 다치지 않으리라.

혹은 원수를 만나고 도둑들에게 둘러싸여
저마다 칼을 들고 해치려 할 때에도
관세음보살을 생각하는 힘으로
모두가 즉시에 자비심을 일으키네.

혹은 왕에게 참기 어려운 고통을 당하고
형을 받아 목숨을 마치려 할 때에도
관세음보살을 생각하는 힘으로
칼이 조각조각 쪼개지며

혹은 감옥에 갇혀 목에 칼을 쓰거나
손발에 쇠고랑을 찼을지라도
관세음보살을 생각하는 힘으로
확 풀려서 해탈을 얻으리라.

주문으로 저주하고 온갖 독약으로
몸을 해치려는 자가 있을지라도
관세음보살을 생각하는 힘으로
본인에게로 돌아가 해를 입게 되리라.

혹은 악한 나찰과
독용과 모든 귀신들을 만나도

관세음보살을 생각하는 힘으로
그때에 모두가 감히 해치지 못하리라.

만약 맹수에게 둘러싸이고
날카로운 이빨과 발톱으로 위협해도
관세음보살을 생각하는 힘으로
끝없는 곳으로 빨리 달아나며

독사와 살무사 전갈들이
불을 때어나는 연기처럼 독기를 내뿜어도
관세음보살을 생각하는 힘으로
소리를 듣고서 스스로 돌아가리라

구름이 끼어 천둥과 번개가 치고
우박과 큰비가 쏟아져도
관세음보살을 생각하는 힘으로
그때를 맞춰 흩어져 사라지느니라.

중생이 곤란과 재앙을 당해서
한량없는 고통이 몸을 핍박하더라도
관세음보살은 묘한 지혜의 힘으로
세간의 괴로움에서 구제해주느니라.

신통력을 갖추시고
지혜의 방편을 널리 닦아서
시방세계의 모든 국토에
몸을 나타내지 않는 곳이 없으시며

갖가지의 모든 악취인
지옥·아귀·축생과
생·로·병·사의 고통이
점점 모두 사라지네.

진여관과 청정관과
광대한 지혜관 그리고

대비관 및 대자관을
항상 원하고 항상 우러러볼지어다.

때가 없는 청정한 빛이
지혜의 해가 모든 어둠을 깨뜨리고
물과 바람과 불의 재앙을 물리치고
널리 세간을 밝게 비추니

대비의 몸은 천둥처럼 진동하고
대자의 마음은 묘한 큰 구름이 되어서
감로의 법비로 적시어
번뇌의 불길을 꺼주느니라.

다툼과 소송으로 관청을 가거나
두려운 전쟁 중에도
관세음보살을 생각하는 힘으로
온갖 원한들은 모두 사라지리라.

묘음과 관세음과

범음과 해조음과

승피세간음을

모름지기 항상 생각할지어다.

찰나라도 의심하지 말지니

관세음의 거룩한 성인은

고뇌와 죽음의 재앙에서

능히 믿는 의지처가 되어준다네.

일체의 공덕을 갖추고

자비로운 눈으로 중생을 바라보며

복덕이 바다처럼 한량이 없으니

그러므로 마땅히 정례할지어다.

그때에 지지보살이 자리에서 일어나 부처님 앞으로 나아가 사뢰었다.

"세존이시여, 만약 어떤 중생이 이 「관세음보살보문품」의 자재한 업과 보문시현의 신통력을 듣는 자의 공덕은 적지 않을 것이옵니다."

부처님께서 이 보문품을 설하실 때 대중 가운데 팔만사천 중생이 모두 대등한 것이 없는 아뇩다라삼먁삼보리의 마음을 내었다.

그대가 보살입니다

초판인쇄 · 2012년 3월 6일 | 초판발행 · 2012년 3월 13일
석암스님 저 | 발행인 · 김동금 | 발행처 · 우리출판사
주소 · 서울시 서대문구 충정로 3가 1-38 | 전화 · (02)313-5047 | 팩스 (02)393-9696
E-mail · wooribooks@wooribooks.com
www.wooribooks.co.kr
ISBN 978-89-7561-310-4 03220

정가 9,500원